WESSPoly

INTUITION
Entscheidung aus dem Bauch

W0047407

WESSP.
Werbung und Engagement für Sport, Seminare und Publikationen GmbH

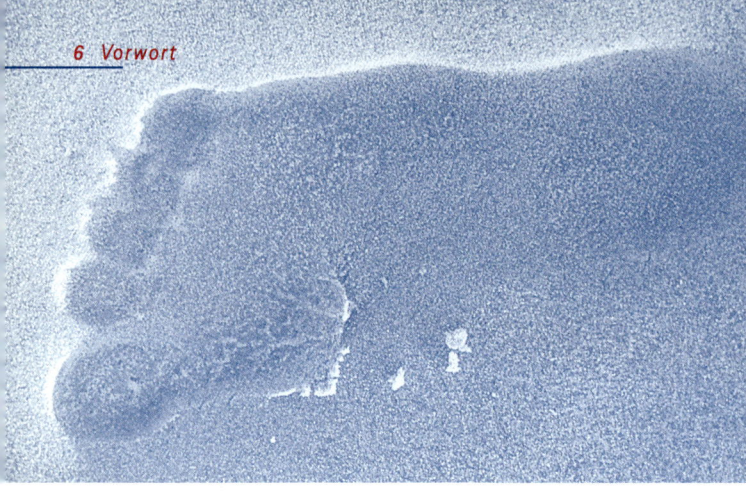

Leben hat Zukunft

An das neue Jahrtausend knüpfen die Menschen in aller Welt große Erwartungen, denn einen Jahrtausendwechsel hat es in der Kulturzeit bisher nur einmal gegeben. Sicherlich werden sich im vor uns liegenden Millennium auch viele Werte wandeln und die Natur und das Menschsein im Wechsel der Zeiten wieder mehr in den Mittelpunkt des Denkens rücken.

Ich bin davon überzeugt, dass die Menschheit einem neuen Zeitalter entgegengeht, in dem nicht mehr Emotionen und materielle Bedürfnisse die entscheidende Rolle spielen werden, sondern die seelische Weiterentwicklung der Persönlichkeit. Nicht mehr Konflikte, Angst und Zwang werden gesellschaftliche Veränderungen auslösen, sondern Gedanken des Vertrauens, der Güte, Ehrlichkeit und Zuversicht.

„Nichts ist entweder gut oder böse,
erst unser Denken macht es dazu."

Um Gedanken der Güte und Ehrlichkeit in uns zu entdecken, auszulösen, müssen wir uns wieder mehr uns selbst zuwenden, diese seelischen Werte in uns selbst erkennen und nach außen tragen. Das wichtigste Instrument dafür ist eine Kraft, die in der heutigen vielfältigen und schnelllebigen Zeit fast in Vergessenheit geraten ist, obwohl sie uns ständig zur Verfügung steht, die Intuition.

Ich beschäftige mich schon seit vielen Jahren mit diesem Thema und versuche diese Kraft immer stärker zu nutzen. Dieses Buch habe ich zunächst für mich geschrieben, da ich alle meine Gedanken zur Intuition gesammelt betrachten wollte. Dennoch freue ich mich natürlich, wenn auch Sie einen stärkeren Zugang zu Ihrer Gefühlswelt und Intuition bekommen; dabei soll Ihnen dieses Büchlein behilflich sein. Ich werde Ihnen auf den folgenden Seiten viele Anregungen und Tipps geben, damit auch Sie einen leichteren Zugang zur eigenen Intuition finden.

Sollten Sie einmal das Gefühl haben, dass das, was „der da" schreibt, für Sie gar nicht stimmt oder viel zu kompliziert ist, könnten Sie Recht haben; schon hat Ihnen Ihre Intuition einen Hinweis geschickt.

Bitte sehen Sie alle Empfehlungen nicht als Dogma, sondern lediglich als Leitfaden für einen besseren Zugang zu Ihren „Bauchgefühlen". Ich will auch niemanden bekehren, denn ich habe schon sehr früh in meinem Leben erkannt, dass jeder sein eigener Therapeut und Meister ist. Glück, Erfolg und Freude muss ich in mir selbst entdecken, niemals finde ich sie im Außen oder durch andere.

Ein Satz von Galileo Galilei wurde zu meinem Lebensmotto:

„Man kann die Menschen nichts lehren, man kann ihnen nur helfen, es in sich selbst zu finden."

Zu guter Letzt möchte ich noch meinen Dank all denjenigen aussprechen, die mir Lehrer und Vorbilder, aber auch Quelle für viele Beispiele waren oder mir als Freunde einen Spiegel vorhielten, so dass ich mich besser erkennen konnte und zu dem wurde, der ich bin. Vielen Dank an meine Eltern, meinen Bruder und meine Frau, die mir stets ihr Vertrauen, ihr Wissen und ihre Liebe schenkten.

Gehen Sie nun mit Humor und Leichtigkeit an dieses Buch heran und lernen Sie Ihre Intuition kennen, denn sie zeigt sich oft in den witzigsten Erscheinungen.

Intuition – was ist das eigentlich?

Zufriedenheit, Glück und Erfolg sind keine Zufallsprodukte, sondern das Ergebnis richtigen Verhaltens auf der mentalen und körperlichen Ebene. Allen Handlungen, ob im Job, in Familie und Partnerschaft, vor allem aber in zahllosen Alltagssituationen, gehen Entscheidungen voraus, ein Für oder Wider zu jeder Sache. Gerade in der heutigen, von unzähligen Einflüssen geprägten Zeit fällt es uns immer schwerer, Entscheidungen zu treffen, denn wer weiß schon auf Anhieb, welche der zig Möglichkeiten die richtige ist.

Doch ein Phänomen begegnet uns immer wieder, eine undeutliche Vermutung, eine Art Gefühl, das uns eine tiefe Gewissheit vermittelt: unsere Intuition. Dafür einige persönliche Beispiele, die Sie vielleicht auch kennen: Wenn ich in eine fremde Stadt fuhr, fand ich oft genau dort einen Parkplatz, wo ich hinmusste. Oder ich rief genau zu dem Zeitpunkt bei jemandem an, als mein Telefonpartner an mich dachte, obwohl wir schon über Wochen nicht mehr miteinander gesprochen hatten. Besonders nützte mir meine Intuition in folgender Situation: Vor kurzem war ich mit einer Gruppe von Freunden im Skiurlaub. Auf der Rückfahrt zu unserer Pension wollte ich zunächst bei einer Bekannten mitfahren, die vorausfuhr. Ein Platz war noch frei und ich war eigentlich startklar. Doch da spürte ich so ein eigenartiges Gefühl im Bauch, einen starken Impuls auf den nächsten Fahrer zu warten. Mein Gefühl trog mich nicht - kurz vor unserer Pension wurde diese Freundin unverschuldet in einen Verkehrsunfall verwickelt; ihr Auto hatte Totalschaden. Zum Glück ist ihr trotz der Wucht des Aufpralls wenig passiert. Wieder einmal wurde ich von meiner Intuition geleitet und geschützt. Sie kennen sicherlich selbst Beispiele, wie Sie durch ein starkes Gefühl von etwas fern gehalten wurden, dass sich später als gefährlich oder unangenehm entpuppte. Schauen wir uns nun an, wie die Wissenschaft Intuition definiert.

Die Wissenschaft hat bis heute nicht eindeutig festgestellt, welches Organ die Intuition steuert. Allerdings können wir uns alle vorstellen, dass das Gehirn eine Schlüsselrolle einnimmt. Die moderne Gehirnforschung beschäftigt sich intensiv mit der Intuition und definiert das Phänomen so: *„Unbewusste Wahrnehmungen werden im Gehirn gespeichert. Eine bestimmte Lebenssituation oder ein Hinweis kann die gespeicherten, unterschiedlichen Informationen wieder aufrufen und mit neuen Gedanken und Erkenntnissen verknüpfen, die dann als Intuition wahrnehmbar sind. Das Wachbewusstsein ist in diesem Falle nicht am Erkenntnisprozess beteiligt."*

Brockhaus und Duden beschreiben die Intuition als eine *„plötzliche Eingebung"*.

Die Frage ist: Wer gibt mir etwas ein?
Ich möchte neben der wissenschaftlichen Definition auch
eine empirische Sichtweise der bekannten amerikanischen
Intuitionstrainerin Nancy Rosanoff anführen:
*„In der Intuition wissen wir etwas, ohne zu wissen, warum
wir etwas wissen."*

**„Lebe nach deinem innersten Prinzip,
denn es ist richtig." Platon**

Einer meiner Freunde fand seine eigene Erklärung: *„Intuition ist es, wenn ich meinen Gefühlen meine Stimmbänder
leihe"*. Ich persönlich habe die Intuition als weise Führung
durchs Leben definiert und erfahren.

Sie kann sich in Gefühlen oder Gedanken äußern und hilft
uns erkennen und entscheiden. Je häufiger man die Intuition beachtet, desto deutlicher nimmt man sie wahr und
desto präzisere Hinweise gibt sie. Je seltener man ihr folgt,
desto schwächer und ungenauer äußert sie sich. Intuition
erfordert geistige Klarheit und intensive Beschäftigung
mit sich selbst. Mit den Erfolgserlebnissen, das heißt, die
Gefühle haben sich als richtig erwiesen, steigt das Vertrauen in die innere Stimme, mit dem Vertrauen die eigene Effizienz. Das innere Bauchgefühl ist alles andere als
ein spirituelles Mysterium, das mich verwirren will; vielmehr stellt mir die Natur ein wichtiges Werkzeug zur Verfügung, mit dem ich mir in schwierigen Entscheidungsprozessen und Problemsituationen Klarheit verschaffen
kann, vorausgesetzt ich nutze dieses Instrument.

Welche Rolle spielt der Verstand?

„Was könnte wichtiger sein als das Wissen?"
fragte der Verstand. „Das Gefühl und mit
dem Herzen sehen", antwortete die Seele.
A. de Saint-Exupéry

Der Verstand vermittelt Anregungen, Ideen und Argumente, welche die persönlichen Wünsche und Meinungen des Betreffenden in den Vordergrund stellen, aber nicht dem wahren Wesen eines Menschen entsprechen. Aus dem Verstand kommen oft unangenehme Gefühle wie Selbstvorwürfe und Gewissensbisse, die während und nach einer falschen Entscheidung auftreten. Der Verstand arbeitet rational und verursacht häufig Fehlentscheidungen, die wiederum zu „Reparaturen" führen. Unter „Reparaturen" verstehe ich Situationen mit Mensch und Maschine, die durch persönliche Fehlentscheidungen zu Konflikten, Streit, Unfällen oder Defekten geführt haben. Nach dem Motto: Hätte ich auf mein Gefühl, meine Intuition gehört, wäre das nicht passiert. Verstandesorientiertes Handeln erfordert wesentlich mehr Zeit als das Handeln auf Grund intuitiv getroffener Entscheidungen.
Jetzt sieht es so aus, als dass der Verstand nur „Schattenseiten" hervorbringt, dem ist natürlich nicht so. Wir brauchen den Verstand bei vielen Tätigkeiten, wo analytisches, mathematisches und strategisches Denken verlangt wird. Er darf aber nicht dazu missbraucht werden, um andere Menschen zu beeinflussen oder gar zu manipulieren. Verstandesargumente können bei rhetorisch begabten Menschen zu spitzen Waffen werden, deren Argumente man auf Grund ihrer Schärfe nicht widerlegen kann. Am Ende stellt man fest, dass der Verstand aber nur die zweitbeste

Lösung hervorgebracht hat. Zwischen dem wachbewussten Verstand und dem Unterbewusstsein muss stets ein harmonisches Verhältnis bestehen. Der Verstand besitzt die Fähigkeit und Möglichkeit zu bewerten und logische Zusammenhänge zu erfassen und zu begreifen.

„Logik dient dem Beweis,
Intuition der Entdeckung." *Henri Poincaré*

Emotionen und Gefühle

Im Unterschied zu reinen Gefühlen, die Ruhe und Klarheit ausstrahlen, sind Emotionen Gemütsbewegungen, seelische Erregungen und Gefühlszustände, wie wir sie vom Verliebtsein kennen: Sie sind geprägt von Nervosität und unruhigen, körperlichen Reaktionen, wie erhöhter Pulsschlag oder gar „Herzflattern". Verliebt sein ist noch lange keine Liebe. Wenn man sagt: „Liebe macht blind", so meint man damit die emotionale Bindung, die rosarote Brille, die man während so einer Zeit trägt. Liebe besteht aus tieferen Gefühlen, reinen Gefühlen. Sicherlich besteht bei Liebe eine emotionale Bindung, sie gehört auch dazu, aber sie ist nicht von Dauer und bringt den Betreffenden früher oder später in ein Ungleichgewicht.
Aus Emotionen können Affekthandlungen und heftige Erregungen werden, die aufgrund einer außergewöhnlichen seelischen Angespanntheit oder Leidenschaft regelrecht eskalieren können. Massenveranstaltungen in Sport und Musik sprechen vor allem unsere Emotionen an. Über Emotionen kann man Menschen manipulieren - reine

Gefühle dagegen bringen mich in die Realität zurück. Als ich vor Kurzem einer Einladung ins Fußballstadion folgte, um ein Bundesligaspiel anzusehen, konnte ich dieses Phänomen persönlich spüren. Mitten im Fan-Block der Heimmannschaft brodelte es nur so an Emotionen. Ich bekam den Eindruck auch sofort einen Fan-Schal oder ein Fahne schwenken zu wollen. In einer ruhigeren Phase kam aber dann das Gefühl: „Massenbeeinflussung," und dass man so etwas nur veranstaltet, um Geld zu verdienen. In diesem Augenblick sah ich nur noch Attribute des Verkaufs, des „Geldmachens". Wie unangenehm mir das war.

Wie gehen wir mit unangenehmen Gefühlen um?

Häufig „ertragen" wir unangenehme Gefühle resignierend. Menschen mit wenig Selbstvertrauen neigen dazu, sich an Sorgen festzukrallen und im Selbstmitleid zu versinken. Solche Lebensumstände werden auf die Verhaltensweisen anderer zurückgeführt: Das Wetter ist Schuld,

Oft ist der Partner der erste Sündenbock für die eigene Misslaune.

dass man lustlos ist; der Ehemann ist mürrisch, das verdirbt den Tag. Man erwartet vom Partner oder auch von anderen Anerkennung, Lob, Zuwendung und ist frustriert, wenn sich die Erwartungen nicht erfüllen. Wenn man einen Sündenbock gefunden hat, bemühen sich viele gar nicht mehr die Situation oder Beziehung zu verbessern. Dadurch verhindern solche Schuldzuweisungen jegliche persönliche Weiterentwicklung. Unterdrücken wir unsere Gefühle, ist der Lebensfluss blockiert.

Konstruktiver Umgang mit Gefühlen

Versuchen wir die Sprache unserer Gefühle zu analysieren, gehen wir in uns und schauen das Gefühl genau an. Wir machen uns ein Bild und denken wie es sein könnte, wenn dieses Gefühl Realität würde. Dadurch erschließen sich uns zunehmend tiefere Wahrheiten und wir stoßen auf unsere „innere Quelle".

Gefühle fallen uns nicht zufällig zu, sie sind, ob es sich um Folgen von Verhaltensweisen, Entscheidungen oder Einstellungen handelt, häufig Impulse zur persönlichen Weiterentwicklung. Sie lassen uns unsere wahren inneren Bedürfnisse erkennen. Gefühle sind daher eine außerordentliche Hilfe zur Selbsterkenntnis.

> *„Intuition äußert sich immer dann,*
> *wenn Denken und Fühlen im Einklang sind."*

Intuition und Verstand beeinflussen Gedanken und Gefühle und damit das gesamte Leben des Menschen. Der

Verstand ist der rationale Gegenpart zur Intuition. Beachte ich vermehrt die Intuition, so tritt mein Verstand zunehmend in den Hintergrund und bearbeitet die Bereiche meines Denkens, bei denen er von Nutzen ist, im analytischen und organisatorischen und strategischen Denken.

Woher kommt die Intuition und was löst sie aus?

Sicherheit bieten intuitive Gefühle vor allem dem, der an sie glaubt.
Hat Intuition demnach mit Glauben zu tun?
Ich denke ja! Wenn man die Brockhaus-Definition betrachtet: *„Intuition ist eine Eingebung"*, muss man sich doch fragen, wer gibt hier ein und wer kann hier so individuell eingeben, dass es genau darauf eine Antwort gibt, die der eigenen Persönlichkeit entspricht? Wer kennt mich so genau? Der Glaube an eine höhere Macht ist aus der Diskussion um die Intuition nicht wegzudenken. Wie man diese höhere Macht definiert, möchte ich jedem Einzelnen selbst überlassen; sie entspricht der jeweiligen Religion oder Weltanschauung. Ich persönlich drücke mich da ganz kindlich-naiv aus und nenne diese Macht, wie in Bayern üblich, *„lieber Gott"*.

Auf die Frage, wodurch die Intuition ausgelöst wird, habe ich nur eine Antwort: Durch meine Anfrage, meinen Wunsch, der auch in Form eines Gebetes formuliert sein kann. Intuition ist mein persönlicher Kontakt zu dieser erwähnten Macht. Das Zusammenspiel von Wunsch (siehe unten) und Intuition ist die Kommunikation zwischen mir und Gott. Gott antwortet in Form von Gefühlen, Gedanken, Empfindungen, Denkanstößen, Impulsen und Hinweisen. Sie sind die Sprache Gottes.

Dementsprechend müssten alle Menschen intuitive Botschaften empfangen können. Das trifft auch zu, nur hat der Eine mehr und der Andere weniger Zugang zur eigenen Intuition.

Wann empfange ich die Intuition?

„Wer die Ängste von gestern und die Sorgen von morgen mit sich trägt, kann nicht im Heute leben."

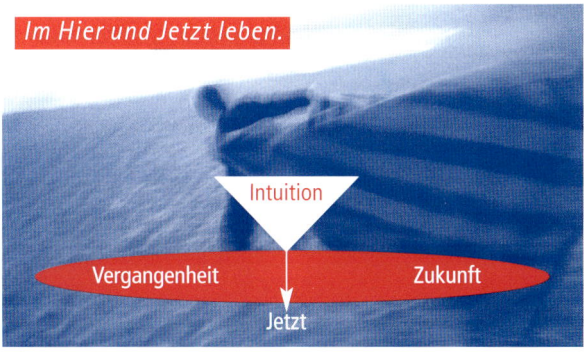

Im Hier und Jetzt leben.

Intuition, Inspiration kann das Bewusstsein nur auf dem schmalen Grat zwischen Vergangenheit und Zukunft wahrnehmen, nur in der Gegenwart.

Nur im Hier und Jetzt - im Augenblick.

Die Vergangenheit ist vorbei, Sie können sie nicht mehr ändern.

Sind es unangenehme Ereignisse, die Sie immer wieder in die Vergangenheit zurückholen, befreien Sie sich davon am besten, indem Sie sich und anderen vergeben - vergeben für die Verletzungen, die man sich und anderen zugefügt hat. Denn Vergeben bedeutet Loslassen, seelisches Entgiften. Mein Motto: „Belastet euch nicht mit der Vergangenheit, das hält euch nur auf, fangt täglich neu an!"

„Vergessen können ist das Geheimnis ewiger Jugend. Wir werden alt durch Erinnerung." Erich M. Remarque

Ähnlich ist es mit der Zukunft. Was morgen ist, ist ungewiss. Ängste entstehen auf Grund von Bildern und Erfahrungen aus der Vergangenheit, die man in die Zukunft projiziert. Aber das Leben findet jetzt statt und meine Entscheidungen muss ich jetzt treffen und sie bestimmen meine Zukunft. Ich muss nur jetzt damit beginnen, meine Gedanken zu verändern - jetzt, in diesem Augenblick.
Ich behaupte, dass viele Probleme keine Probleme mehr sind, wenn ich meine Sicht verändere. Lassen Sie Ihre Sinne und Ihr Bewusstsein die Dinge regeln - nicht umsonst heißt es bei Problemen: Schlaf erst einmal darüber!

„Du warst einmal nicht und wirst einmal nicht mehr sein; beides ist gleich. Vergangenheit und Zukunft gehen uns nichts an." Seneca

Während des Schreibens stieß ich „zufällig" auf folgende Zeilen, die im Grunde die gleiche „Wahrheit" ausdrücken: LOSLASSEN und SEIN.
„Echt und dauernd im Geiste in der Gegenwart verweilen, die Geschehnisse aufmerksam beobachten, wahrnehmen, ohne zu analysieren, wäre der erste Schritt zur Verwirkli-

chung unseres Lebensziels. Den Geschehnissen ihren Lauf lassen, ohne Widerstand zu leisten, sie nur betrachten, das ist Handeln im Nichthandeln. Wenn Sie gelernt haben, so Ihre Tage zu verbringen, wird Ihr Leben sein wie in der schönsten Zeit Ihrer Kindheit: ohne Sorgen, frei von Konflikten, das Gestern vergessend, vom Morgen nichts wissend, einzig im Heute verweilend, voller Glück und Gelassenheit. Das ist Lebenskunst, das ist Leben aus dem Geist des Tao. Wenn Sie aufmerksam im Hier und Jetzt dem Lauf des Lebens folgen, trägt Sie dieses an jeden beliebigen Ort, an jedes Ziel, bevor Sie es sich überhaupt vorstellen können. Ja, es ist unerlässlich, dass Sie Ihre Motive, Ihr eigenes Streben, Ihren Wunsch, etwas zu werden, was Sie noch nicht sind, aufgeben. Sie müssen stattdessen lernen, nichts mehr zu tun, zu beobachten, aufmerksam zu sein. Dies ist die wahre Art intelligenten Handelns. ,Es' handelt für Sie, besser als Ihr Verstand es jemals vermochte."*
So der Text aus einem Tao-Buch[1].

Vergeben bedeutet Loslassen, die Basis guter Freundschaften.

1) Taoismus ist auf den altchinesischen Philosophen Laotse zurückzuführen, der die im vierten oder dritten Jahrhundert v. Chr. gegründete Lehre vom Tao verbreitete. Tao ist der Urgrund des Seins und auch der in mystischer Versenkung zu beschreitende Weg dort hin.

Die besten Voraussetzungen für den Empfang der Intuition

Wir können Intuition nicht erzwingen, sondern lediglich für möglichst günstige „Empfangsbedingungen" sorgen. Entspannung und Gelassenheit sind dafür Grundvoraussetzungen. Das Umfeld und die Tätigkeit, beispielsweise eine Wanderung in der Natur, in den Bergen oder künstlerisches Gestalten, können die Intuition begünstigen. Viele meiner Freunde, die sich ebenfalls mit der Intuition beschäftigen, sitzen morgens an der Bettkante und notieren sich ihre „Einfälle" in Tagebücher, auf Computerseiten, in Form von Mind Maps oder vielleicht gar nur auf einem kleinen Zettel. Dabei ist es wichtig, spontan und erst einmal zusammenhangslos zu schreiben, nichts zu erwarten aber gleichzeitig empfänglich, entspannt und konzentriert zu sein. Es gibt keine Methode, mit der man lernen kann, wie man intuitive Botschaft empfängt. Es erfordert einfach nur eine gewisse Geisteshaltung. Folgende körperliche und mentale Voraussetzungen begünstigen die Intuition.

Für mich gibt es vor allem drei Situationen, um kreative und intuitive Einsichten zu erhalten:

- Ein Aufenthalt in der Natur - mit sich selbst sein und dem lieben Gott ein Stück näher
- Sich körperlich betätigen - Zeit zum Denken und der Wunsch durchzuhalten
- Gespräche mit einem guten Freund - seine eigene Sichtweise überprüfen und sich durch den Freund gespiegelt sehen

> *„Oft sind es gut genutzte Mußestunden,*
> *in welchen der Mensch das Tor*
> *zu einer neuen Welt findet." G. M. Adams*

Beim Studium einiger Biografien bedeutender Schriftsteller und Künstler stieß ich immer wieder auf die Intuition als Grundlage für Inspiration und Kreativität. Ob es Hesse, Goethe oder Rilke waren, die ihre größten Werke durch die Inspiration aus der Kraft der Natur in den Schweizer Bergen oder der italienischen Lebensart gewannen, oder die impressionistischen Künstler, die durch die Liebe zur Natur, sie wollten raus aus den Ateliers und das Licht einfangen, einen ganz neuen Malstil kreierten.

Auch für uns „kleine Künstler" kann eine Einkehr und Rückkehr zu uns selbst von weit reichender Bedeutung sein. Nicht umsonst stehen Meditationskurse, Aufenthalte in Klöstern und Pilgerwanderungen derzeit hoch im Kurs. Stefan Zweig beschreibt in seinem Buch „Sternstunden der Menschheit", wie sich Georg Friedrich Händel nach einem Schlaganfall gegen die Empfehlung seiner Ärzte tagelang in die Thermen von Aachen legte, um sich zu kurieren. Rein intuitiv hatte er eine Möglichkeit gefunden, sich von seinem Leiden zu befreien, und vermochte danach noch große Werke zu schreiben.

Die beste Freude ist das Wohnen in sich selbst, so Johann Wolfgang von Goethe:

„Warum ich zuletzt am liebsten mit der Natur verkehre, ist, weil sie immer recht hat und der Irrtum bloß auf meiner Seite sein kann. Verhandle ich hingegen mit Menschen, so irren sie, dann ich, auch sie wieder und immer so fort, da kommt nichts aufs reine; weiß ich mich aber in die Natur zu schicken, so ist alles getan."

Apropos Goethe: In vielen seiner Werke sprach Goethe von der Kraft und Inspiration durch Freundschaft. Viele große literarische Werke, wie die „Iphigenie von Tauris" beschreiben die Freundschaft als Geschenk der Götter für den Einzelnen. Hätten Goethe oder Schiller ohne den Austausch mit anderen Dichtern und Denkern solch geniale Werke schreiben können? „Freude schöner Götterfunken, Tochter aus Elysium ... Wem der große Wurf gelungen eines Freundes Freund zu sein ..." Studieren Sie einmal die Biografien großer Persönlichkeiten, Sie werden verblüfft sein, wie wichtig die freundschaftlichen Bande für alle waren und welche Intuition, Kreativität und Inspiration ihnen daraus erwuchsen.

In der Ruhe liegt die Kraft

Abstand zum Geschehen und Langsamkeit verstärken meine kreative Seite und lassen mich bei der Umsetzung meiner intuitiv gewonnenen Erkenntnisse Zeit sparen.

Über ein Problem nachzudenken, im Volksmund „darüber zu schlafen" heißt, ich gewinne mehr Zeit, Distanz und Übersicht. Mein Unterbewusstsein kann an der Problemlösung mitwirken. Dieses schaltet auch im Schlaf nicht ab. Seine Leistung erkenne ich, wenn ich in einem meist unerwarteten Moment plötzlich den erlösenden Einfall habe. Langsamkeit lässt sich am besten entwickeln und üben, indem man ein schriftliches Selbstgespräch führt. Das Formulieren und Niederschreiben zwingt mich automatisch zur Bewusstmachung und Auseinandersetzung. Es befreit außerdem meinen Kopf. Denn alles, was ich auf Papier gespeichert habe, kann ich getrost aus meinem Gedächtnis löschen. Das gibt meiner Kreativität und Gelassenheit mehr Raum.

Der Langsamste, der unbeirrt an seinem Ziel festhält, ist immer noch schneller als der, der rastlos umherirrt." G. E. Lessing

Gelassenheit ist die anmutige Form meines Selbstbewusstseins

Gelassenheit verhilft mir in Verbindung mit der Intuition Wesentliches von Unwesentlichem zu unterscheiden und sie hilft mir außerdem zu einer Überlegenheit meines Geistes. Sie lässt mich Herr über meinen Körper sein. Eventuelle Süchte, die intuitives Handeln erschweren, kann man wesentlich leichter erkennen und reduzieren. Gelassenheit hilft mir aber auch im Alltag souveräner zu entscheiden. Dazu gleich ein persönliches Beispiel. Ich hoffe, bei Ihnen gingen ähnliche Situationen genauso gut aus.

Gerade heute, während des Schreibens, ruft mich eine Freundin ganz aufgelöst an und berichtete von einem Computervirus, der sich vor langer Zeit in ihren Stammdateien eingenistet hat und morgen die ganze Festplatte zerstört. Sie habe diese Datei bei sich entdeckt und schon ihren EDV-Fachmann mobilisiert. Sie wollte mich warnen, weil sich der Virus über E-Mails verbreite. Nach kurzem Fragen und Nachdenken rang ich intuitiv nach einer Entscheidung. Just zu dem Augenblick rief ein Nachbar das Wort „Ruhe", das ich durch die geöffnete Balkontür hörte. Ich blieb ganz ruhig und dachte: „Schlaf erst einmal drüber!" Das war aber gar nicht mehr nötig. Zum einen fand ich keine der Dateien auf meiner Festplatte und zum zweiten rief mich selbige Freundin abends an, dass sie sich geirrt habe und das Virusproblem gar nicht existiere.

In entspannten Situationen und geruhsamen Lebensphasen ruhig und unerschütterlich zu bleiben ist nichts Besonderes. Aber wenn ich mich aufrichte, wenn alle anderen niedergeschlagen sind, wenn ich stehe, wenn alle am Boden liegen, dann ist das eine Stärke, die auf Gelassenheit zurückzuführen ist.

> *„Je weniger man auf Erden wichtig nimmt,*
> *desto näher kommt man den wirklich*
> *wichtigen Dingen." Federico Garcia Lorca*

Konzentration

Sich zu konzentrieren bedeutet, eine geistige bzw. körperliche Tätigkeit bewusst durchführen und sich nicht von ablenkenden Gedanken oder Vorstellungen fangen zu lassen und in Tagträumerei zu verfallen, sondern sich konsequent darum zu bemühen, „bei der Sache" zu bleiben. Wenn ich mich konzentriere, öffne ich mich für die Intuition und vermeide falsche Entscheidungen. Diese Achtsamkeit ist die wichtigste Voraussetzung für eine Verbesserung Ihrer Intuition.

Unsere Konzentration können wir steigern durch:
1. Konzentrationsübungen
2. Die richtige Versorgung des Gehirns mit entsprechender Ernährung
3. Gelassenheit, Ruhe und Regeneration

Ein Schüler ging zu seinem Meister und fragte ihn: „Meister wie erhalte ich Erleuchtung?" Darauf der Meister: „Gehe in die Küche und spüle ab!"

Bedeutet das, dass ich Konzentration wirklich so einfach erlernen kann? Ich behaupte: Ja!
Dafür brauchen Sie keine komplizierten Konzentrationstechniken und Übungen, Sie brauchen sich auch nicht in den Weiten der Spiritualität verlieren; fangen Sie einfach bei den ganz alltäglichen Dingen an.
Wie oft habe ich mich morgens komplett angezogen und merkte erst nachher, dass ich das falsche Hemd trug. Fast täglich muss ich zurückgehen, um etwas Vergessenes zu holen. Sie alle kennen wahrscheinlich verlegte Brillen oder Schlüssel, vergessene Regenschirme etc. Machen Sie ein-

fach den Alltag zu einem „Übungsfeld für Konzentration", um diese Vergesslichkeiten abzubauen. Putzen Sie sich ganz bewusst die Zähne ohne ablenkende Gedanken, ohne abzuschweifen oder sich gar Sorgen zu machen. Wenn Sie, wie ich, viel auf Reisen gehen, üben Sie Konzentration beim Kofferpacken. Ich versuche gerade meine Haltung und meinen Gang zu verbessern und übe das bei jedem Schritt.

Ziehen Sie sich einmal ganz bewusst an und Sie werden feststellen, wie gut Sie sich in Ihrer Kleidung an diesem Tag fühlen. Sobald sich der Erfolg damit im Alltag einstellt, werden Sie sich immer mehr konzentrieren und immer mehr Freude und Spaß empfinden in Situationen, die früher von Ärger und Frust geprägt waren. Das tägliche Üben an kleinen Dingen bringt den Erfolg bei großen.

Eine einfache Formel für mehr Intuition:
Intuition = IQ + EQ + SF

Das Gehirn - Rechen- und Schaltzentrale
Wenn wir uns mit der Intelligenz beschäftigen wollen, sollten wir zunächst einiges über unser Gehirn wissen: Unser Gehirn ist eine gigantische „Datenautobahn". Jede einzelne der zirka 100 Millionen Nervenzellen - so viele, wie es Sterne in der Milchstraße gibt - steht mit bis zu 10.000 anderen in Verbindung. Mit 100 Billionen Nervenknotenpunkten haben die Datenautobahnen in unserem Gehirn eine Länge von 100 000 Kilometern.

Intelligenz und die Begabungen eines Menschen liegen im Gehirn verborgen. Im Gegensatz zu einem Computer weiß man hier allerdings nicht, wo sie versteckt sind. Die Gehirnforschung weiß aber, dass der Hypothalamus (Teil des Zwischenhirns) und die Hypophyse (Hirnanhangdrüse) als „Festplatte und Arbeitsspeicher" das Herzstück des zentralen Nervensystems diese ungeheuere „Datenmengen" verwalten.

Die Leistung unserer Intelligenz wird mit dem IQ gemessen

Die moderne Wissenschaft versuchte Intelligenz mit dem IQ messbar zu machen. Der IQ wird aus dem Verhältnis zwischen Intelligenzalter und dem Lebensalter errechnet und gibt den Grad der Intelligenz an. Meiner Meinung nach ist der IQ keine starre Größe, sondern kann sich sowohl erhöhen als auch verringern; darüber gibt es bereits fundierte Erkenntnisse. Außerdem tragen meines Erachtens viel mehr Faktoren zur Intelligenz eines Menschen bei als die von der Wissenschaft berücksichtigten. Der IQ ist zwar eine momentan messbare Größe, kann aber durch ein bestimmtes Verhalten, Training und Gesundheit sehr variieren.

Welche Aufgaben hat das Gehirn? Es

- steuert fast alle Körperorgane, ist Schaltzentrale für alle Denkvorgänge und unsere Intelligenz
- speichert unser Wissen, das aus unseren Erfahrungen resultiert
- dient als Empfangs- und Aufnahmeorgan, denn es verarbeitet die von den Sinnesorganen eingehenden Informationen und vermittelt uns daraufhin Gefühle
- stellt Botenstoffe her, so genannte Neurotransmitter, versorgt damit den Körper und trägt so maßgeblich zur körpereigenen Kommunikation bei.

Haben Sie schon erlebt, welchen Einfluss Staub, Schmutz, gelöste Kontakte oder gar Computerviren auf Ihre EDV-Anlage haben können? Beim menschlichen Gehirn ist das ähnlich. Bestimmte Fremdkörper, die über denaturierte Nahrungsmittel mit synthetischen Farb- Aroma- oder Konservierungsstoffen versehen sind, führen zu organischen Verletzungen. Denken Sie nur an Nahrungsmittelgifte wie Koffein, Nikotin, zu viel Alkohol oder gar an das extreme Beispiel Drogen. Damit können wir unsere Intelligenz nicht voll ausschöpfen. Auch die psychischen Belastungen bringen das Gehirn in „Unordnung" und hinterlassen Probleme in den Körperfunktionen. Langzeitarbeitslose oder Menschen, die in ihrem Beruf unglücklich sind können, depressiv werden und erhalten dabei nicht selten massive Rückenprobleme. Sie haben zu wenig Mut, zu wenig Rückgrat und tragen zu viele Belastungen mit sich herum. **Im Umkehrschluss heißt das: Mit einem gesunden Nervensystem können Sie Ihren Alltag souverän meistern.**

Die junge Wissenschaft der Psychoneuroimmunologie befasst sich damit, wie Psyche, Nervensystem (Gehirn) und Immunsystem zusammenhängen. Sie hat wissenschaftlich bestätigt, was die „Volksmedizin" schon lang weiß: Lebe ich mit Freude im Herzen, so stärkt das mein Immunsystem, bin ich dagegen kritisch, verärgert, enttäuscht und missgelaunt, so wird es geschwächt.

Das Herz - das Symbol für die emotionale Intelligenz (EQ)
Das Herz ist das Symbol für Liebe, Gefühl und Geborgenheit. Jeder Mensch strebt in all seinem Tun nach Geborgenheit, Lob und Anerkennung.
Nur wenn diese Bedürfnisse befriedigt werden, ist er bereit und motiviert zu handeln und Leistung zu bringen. Dabei sollte er aber unter keinen Umständen Lob und Anerkennung erwarten, sondern in Vorleistung treten - Lob und Anerkennung sind automatisch die Folge. Ich stelle mir den physischen Körper als ein Werkzeug vor, mit dem man Energie erzeugen, lagern und verbrauchen kann. Wenn ich weiß, wie ich Energie wirksam erzeuge, lagere und verbrauche, kann ich den Wohlstand und die Zufriedenheit erreichen, die ich will. Bei zu viel Konzentration auf das Ich verschwende ich große Energiemengen. Handle ich aus dem Ego heraus, indem ich Macht und Kontrolle über andere Menschen anstrebe oder Anerkennung von anderen suche, verschwende ich wertvolle Lebensenergie. Das Organ Herz steht symbolisch für Energie und Liebe. Konflikte wie Stress, Streit oder Kummer in einem Menschen lassen das Herz zerreißen, der Motor hat einen Schaden, die Energie geht verloren, der „Motor" wird nicht mehr versorgt und es droht ein kapitaler Motorschaden, ein Infarkt. Liebe ich im richtigen Sinn, so bin ich voller

Energie und Lebenslust, stets aufgeladen und vital. Als Therapeut und Berater kann ich nur durch Gedanken und Worte der Zuversicht, der Herzlichkeit, durch Vorbild und Verständnis meinen Nächsten zum Umdenken anregen.

„Über allen Tugenden steht eines: Das beständige Streben nach oben, das Ringen mit sich selbst, das unersättliche Verlangen nach größerer Reinheit, Weisheit, Güte, Liebe." J. W. v. Goethe

Solche Erkenntnisse versucht man auch zunehmend im Berufsalltag im Umgang mit seinem Nächsten zu nutzen. Der Harvard-Psychologe Daniel Goleman erfand den EQ, den „emotionalen Quotienten", der die emotionale Intelligenz beschreibt und sich aus fünf trainierbaren Fähigkeiten zusammensetzt:
- Erkennen der eigenen Gefühle
- Umgang mit den eigenen Gefühlen
- Selbstmotivation
- Mitgefühl und Verständnis
- Effektives Nutzen sozialer Beziehungen

Wer Verständnis für Menschen haben möchte, sollte zunächst für sich Verständnis entwickeln. Die Qualität des Bewusstseins und der Einstellungen, mit denen Mitarbeiter zu ihrem Unternehmen stehen, entscheiden zum großen Teil über Erfolg und Misserfolg. Besonders Führungskräfte sind mit neuen Herausforderungen konfrontiert, die zunehmend im kommunikativ-sozialen Bereich liegen. So sind bei Führungskräften zwischenmenschliche Fähigkeiten mehr denn je gefragt. Die soziale Kompetenz wird zukünftig in hohem Maß mitentscheiden, ob ein Unternehmen auf Dauer erfolgreich ist.

Das Geheimnis der Ausstrahlung und Spaß am Leben (SF)

Ich kann aktiv den Zustand meines Seelenlebens, meines Gemütes beeinflussen, indem ich positiv, voller Lebensfreude, Humor und Spaß ins Leben trete oder mir selbst Dinge gestatte, die mich freudig stimmen: Kunst und Kultur, Musik, ein „gemütliches" Wohnumfeld, Muße, romantische Abende zu zweit oder der Besuch eines satirischen Kabaretts. Haben Sie schon einmal darüber nachgedacht, was Ihnen alles Freude bereitet? Freude habe ich persönlich als wichtige Voraussetzung für Intuition erlebt. Deshalb habe ich einen dritten Faktor für mehr Intuition, SF genannt - den Spaß-Faktor.

In meiner therapeutischen Arbeit half ich am meisten durch die lockere, amüsante Art des Gesprächs. Meine Patienten öffneten sich viel schneller und leichter, der Therapieerfolg war höher. Diesen Erfolg führe ich im Nachhinein auf meine intuitiven Gefühle gegenüber dem Patienten zurück. Gerade in Therapie und Beratung sollten wir dieses Instrument noch bewusster einsetzen! Mit Spaß und Begeisterung geht alles wie von selbst.
Wichtig dabei ist die eigene positive Einstellung. Hier darf ich meiner Mutter danken und sie als Vorbild erwähnen. Ihre positive und mutige Lebenssicht verhalf ihr immer zu neuen Möglichkeiten und Wegen durch den Dschungel des Lebens.

Um Spaß, Freude und Zuversicht zu ernten, trainiere ich einige Eigenschaften und versuche sie ständig zu verbessern. Beispielsweise versuche ich in allem die positiven Seiten zu erkennen und die schönen Erlebnisse, die mir widerfahren auch wirklich zu genießen. Als ich bei einem Restaurantbesuch einen Wein bestellen wollte und zögerte, weil der Preis sehr hoch war, sagte mir ein Freund: „Das Leben ist viel zu kurz, um billigen Wein zu trinken". Das Wichtigste ist aber, mir und allen anderen Menschen so schnell wie möglich zu vergeben, nichts und niemandem nachzutragen oder nachzutrauern, denn das hilft nichts. Was vorbei ist, ist vorbei. Jeder Tag ist ein neuer Tag und ihn gilt es neu zu kreieren. Dabei habe ich gelernt, dass Freude, Glück und Zufriedenheit Eigenschaften sind, die ich mir durch die richtige Einstellung „verdienen" muss. Ein wichtiger Schritt dahin ist die Konzentration auf den Augenblick : Carpe diem - nutze den Tag, genieße den Augenblick, lebe im Hier und Jetzt - nicht in der Vergangenheit und nicht in der Zukunft.

*„Es gibt kein glückliches Leben,
es gibt nur glückliche Augenblicke." A. M. Lindbergh*

Das Zweite, was ich in den letzten Jahren lernen durfte, ist, meine Beziehungen, Partnerschaft und meinen Alltag so einfach und klar wie möglich zu gestalten.

Von Kindern
können wir Erwachsene viel
lernen, denn sie
sind viel intuitiver
als wir.

Ich habe folgende Erfahrung gemacht: Wenn es kompliziert wird, denke ich in die falsche Richtung. Dann wechsle ich einfach die Richtung und siehe da, es geht.

Die wirklich großen und genialen Errungenschaften der Wissenschaft und Technik sind im Prinzip einfach, denn in der Einfachheit steckt die Genialität.

Orientieren wir uns an den Kindern - wir können viel von ihnen lernen. Wenn ein Kind spielt, dann spielt es, wenn es singt dann singt es und wenn es traurig ist, dann ist es eben traurig, kann aber schon nach einigen Minuten wieder fröhlich sein.

Fazit: Die Formel für mehr Intuition lautet: $\mathbf{I = IQ + EQ + SF}$
oder anders ausgedrückt
Geistiges Vermögen (Intelligenz) und Persönlichkeit plus Liebe plus Lebensfreude führt direkt zu mehr Intuition.

„Wir werden die wahre Gesundheit nur entde-
cken, wenn wir uns von der Menge trennen.
Denn die Masse steht im Gegensatz zur rechten
Vernunft und verteidigt ihre eigenen Übel und
Leiden. Lasst uns fragen: Was ist das Beste? und
nicht: Was ist das Übliche?"   Seneca

Was fördert meine Intuition?

Gesundheit als Fundament

Der Weg zu einem neuen Gesundheitsverständnis geht
über:

- Verantwortungsbewusstsein sich selbst und anderen
  gegenüber
- Korrektes und ehrliches Verhalten und Handeln

Wir müssen eine neue Lebensweise finden, die auf kör-
perliches und seelisches Gesundsein und Gesundbleiben
ausgerichtet ist. Entscheidend tragen dazu bei: Ruhe und
Bewegung sowie Schlaf und Wachsein, die sich in natürli-
chem Rhythmus abwechseln, seelische Ausgeglichenheit
und das Wichtigste: erfüllende zwischenmenschliche Beziehungen. Auf diese Komponenten will ich im folgenden
genauer eingehen.

Ruhe und erholsamer Schlaf

Gerade die heutige schnelllebige, von Stress und Hektik geprägte Zeit verlangt dem „modernen" Menschen in Beruf und Alltag viel ab. Umso wichtiger ist es, sich täglich gut zu erholen und zu regenerieren.

Nicht nur für unsere Gesundheit, sondern auch für die Intuition ist der ruhige, erholsame Schlaf einer der wichtigsten Faktoren. Je ausreichender ich geruht habe, desto besser kann ich tags darauf meine innere Stimme wahrnehmen. Wesentlichen Einfluss auf die Qualität des Schlafes hat das Verhalten abends, bevor man zu Bett geht. Bin ich meiner Sorgen Herr geworden, konnte ich konzentriert meine Tagesgeschäfte erledigen, bin ich in einer harmonischen Gemütslage, so wird mein Schlaf erholsam und regenerativ. „Wer gut schläft, hat mehr vom Leben." Doch wehe dem, der das nicht kann. Leider sind das viele Menschen: Jeder zweite Bundesbürger leidet unter Schlaflosigkeit, jeder fünfte greift regelmäßig zur Schlaftablette! Kennen auch Sie Schlafprobleme in irgendeiner Form? Seit ewigen Zeiten kämpft der Mensch ums Überleben und um eine sichere Existenz. Früher wurde mit Messern und Schwertern gekämpft, heute verläuft der Kampf viel subtiler und komplizierter. Oberflächlich gesehen sind die Anforderungen in der heutigen Gesellschaft um ein Mehrfaches höher als in der Vergangenheit. „Stress" ist hauptsächlich für unsere Schlafprobleme verantwortlich.

Schlafstörungen, Stress und Frustration etc. können wir allerdings auch positiv sehen und nutzen! Schon mancher Manager entschloss sich nach einem „Burnout" sein Leben umzustellen, schon manche Mutter und Hausfrau erkannte, dass nicht nur sie allein für ein angenehmes häusliches Umfeld zu sorgen hat usw. In allen Schwierigkeiten stecken verborgene Hinweise.

Anzeichen für eine positive Entwicklung können dagegen Gesundheit, Harmonie in Partnerschaft oder Ehe, beruflicher Erfolg, wertvolle Freundschaften sowie überwiegend angenehme Gefühle sein.

Hinweise darauf, dass unsere Entwicklung ungünstig, das heißt unserem Wohlbefinden abträglich verläuft, können wir aus anhaltenden gesundheitlichen Schwierigkeiten, scheinbar unlösbaren Problemen, häufig auftretenden depressiven Verstimmtheiten, dem ständigen Gefühl von Einsamkeit und so weiter entnehmen.

Aufschluss darüber, ob wir uns Tag für Tag überwiegend „korrekt", das heißt unserem Wohlbefinden förderlich verhalten, gibt uns ein erholsamer Schlaf. Schlaflosigkeit entsteht häufig auch durch Gewohnheiten, die den Schlaf beeinträchtigen, wie zu spät essen oder zu lange fernsehen.

Der Mensch ist ein Teil der Natur, er lebt nach den gleichen Gesetzen der Ordnung wie alle anderen Lebewesen dieser Welt auch. Die Naturgesetze zeigen sich in Zyklen, wie den Jahreszeiten, dem Mond- und dem Tag-Nacht-Zyklus.

Alle anderen Lebewesen außer dem Menschen orientieren sich an diesen zyklischen Gesetzmäßigkeiten. Nur der Mensch allein erlaubt es sich gegen seine Natur zu handeln, sei es bei der Ernährung oder bei der Einhaltung der so wichtigen Regenerationszeit. Wir brauchen für unsere tägliche Arbeit Energie und erhalten diese nur in Form einer regelmäßigen Regeneration. Die Qualität des nächtlichen Schlafes ist nicht nur für den Gesundheitszustand, sondern auch für die seelische Entwicklung und die Intuition des Menschen von großer Bedeutung. Sie beeinflusst maßgeblich unser physisches und geistiges Leistungsvermögen. Insbesondere hängt von der nächtlichen Regeneration ab, wie gut man sich am folgenden Tag konzentrieren kann. Indem wir gute Bedingungen für ausreichenden und tiefen Nachtschlaf und für eine einwandfreie Körperregeneration schaffen, verbessern wir den Empfang intuitiver Botschaften enorm.

Hilfen für einen besseren Schlaf
- **Ein abendlicher Spaziergang und nur ein leichtes Essen begünstigen den Schlaf.**
- **Den Flüssigkeitsbedarf deckt man am besten vorwiegend im Laufe des Tages; dann kann man im Laufe des Abends weniger trinken und muss die Nachtruhe nicht unterbrechen.**
- **Testen Sie naturgemäße Materialien rund ums Bett. Der Schlafplatz selbst mit Bettgestell und Bettzubehör, aber auch das restliche Mobiliar, der Bodenbelag und das Raumklima beeinflussen die Qualität des Schlafes. Die Auswahl ist groß und jeder Mensch hat sein eigenes Wärmebedürfnis. Finden Sie heraus, was Ihrem Gewicht, Ihrer Statur, Ihrem Bedürfnis nach Wärme bzw. Ihrer optimalen Schlafraumtemperatur entspricht. Verlassen Sie sich auf Ihre Intuition, welche Materialien Sie wählen!**
- **Betrachten Sie das Bett als ein Symbol für Schlaf! Deshalb sollte man im Bett gleich schlafen, ohne noch zu lesen, Radio zu hören, fernzusehen oder irgendwelchen Gedanken nachzuhängen. Vor Mitternacht regeneriert sich der Körper am stärksten. Träume haben nichts mit Intuition zu tun, sondern lassen Rückschlüsse auf mein Verhalten während des vergangenen Tages erkennen.**

Möchten Sie weitere Tipps und Hinweise zum Thema Schlaf erfahren, so empfehle ich Ihnen den Gesundheits-Ratgeber „Jeder kann schlafen" von Dr. med. Heike Kovács und Monika Breuk.

Körpergerecht Sport treiben

Mit unserer Intuition können wir nicht nur unsere optimalen Schlafbedingungen herausfinden, sie hilft uns auch, die richtige Bewegungsart im richtigen Maß zu finden. Dazu ein Beispiel eines Freundes: Als ich ihm von meinem Vorhaben ein Intuitionsbuch zu schreiben berichtete, teilte er mir mit:

„Mir ist neulich etwas passiert", fing er an. „Du weißt ja, dass ich viele Sportarten betreibe und manche davon extrem. Aber als mich meine Sportfreunde zum Skaten einluden und mich auf diese Rollen bringen wollten, streikte ich. Wie du weißt, bin ich nicht ängstlich, aber ich hatte so ein ungutes Gefühl diesem Sport gegenüber und so eine Gewissheit in mir, diesen Trend an mir vorbeiziehen zu lassen, wie ich es noch nie zuvor erlebt habe."

Was ich hiermit darstellen möchte, ist die Tatsache, dass Intuition in allen Bereichen des Lebens seine Berechtigung hat, auch im Sport. Wir brauchen nicht alle Trendsportarten mitmachen, nur weil sie „in" sind. Viele Sportarten sind für bestimmte Menschen sogar nachteilig, zum Beispiel Jogging für stark übergewichtige Personen.
Manche Menschen treiben Individualsport, wären aber in einer Mannschaft besser aufgehoben. Viele übertreiben Sport, weil sie sich und anderen etwas beweisen möchten. Menschen gehen ins Fitness-Studio, obwohl sie eine innere Abneigung dagegen haben .Sie kennen sicher eigene Beispiele. Bitte gehen Sie auch im Sport und anderen Hobbys intuitiv vor, nur so schützen Sie sich vor unnötigen Verletzungen, Unmut und Unbehagen.
Die Bezeichung Fitness verrät bereits, dass es in erster Linie darum geht, den Körper fit zu halten. In der Tat ist es

so, dass Sport und Fitness eine ganze Reihe positiver Nebeneffekte zur Folge haben. Das Gewicht wird reduziert, der Blutdruck senkt sich, der Stoffwechsel funktioniert besser und letztendlich wird das physische und psychische Wohlbefinden gesteigert. In anderen Worten: Man wird schlank, attraktiv und sexy und bleibt auch geistig beweglicher.

Meine folgenden Empfehlungen richten sich an alle, die gerne wieder etwas vernünftig Sport treiben möchten und vielleicht bereits etwas Probleme mit dem Bewegungsapparat, dem Herzkreislaufsystem oder mit dem Körpergewicht haben!

Diese sind im speziellen auch für ältere Menschen und für diejenigen geeignet, welche nach einer längeren Trainingspause wieder eine sportliche Betätigung aufnehmen wollen.

Hier nun einige Anregungen, die für jedermann sinnvoll und effektiv sind:

Aquagymnastik: Gesunder Trainingsspaß. Wussten Sie eigentlich, dass man seinen Körper mit „Nudeln" auf Vordermann bringen kann? Gemeint sind natürlich keine Teigwaren, sondern Sportgeräte, mit denen man im Wasser einfache, aber sehr effektvolle Übungen machen kann. In fast allen Freizeitbädern finden Sie heute Angebote für Aquagym.

Rückenschule: Aktiv gegen den Schmerz. Gegen Rückenschmerzen hilft nur eines: Bewegung. Nur dadurch bekommt die Wirbelsäule den Ausgleich, den sie nach zu langem Sitzen oder Stehen braucht. Gezielte Dehn- und Kräftigungsübungen bringen das Rückgrat wieder ins Lot. Auch hier finden Sie in allen Städten gute Fitness-Studios, die gezielt auf Ihre Problemzonen eingehen.

Bürogymnastik: Fit in 5 Minuten. Haben Sie Mut auch am Arbeitsplatz einige Minuten den Körper zu bewegen, zu dehnen oder ein paar isometrische Übungen durchzuführen. Isometrische Übungen dienen der Kräftigung der Muskulatur ohne dass man den entsprechenden Muskel kontraktiert.

Walking: Walking bedeutet „forciertes", aufrechtes, nicht verkrampftes und bewusstes Gehen mit verstärktem Armeinsatz. Der Oberkörper bleibt möglichst ruhig, man rollt von der Ferse über den Fuß ab, wobei die Arme die Bewegung aktiv unterstützen. Anders als beim Jogging hat immer einer der Füße Bodenkontakt. Mit der Geschwindigkeit steigt die Beanspruchung des Herz-Kreislauf-Systems und der gesamten Muskulatur. Je nach Trainingszustand können schon Untrainierte mit geringen Geschwindigkeiten Verbesserungen der Ausdauerleistungsfähigkeit erreichen.

Optimiert wird Walking durch das so genannte **„Rolltraben"**. Dazu bedarf es allerdings eines speziellen Schuhs, der auf der Masai Barfuß Technik beruht. Diese Technik fördert den natürlichen Gang und trainiert die Muskelketten, die den ganzen Körper umgeben. Es ist sozusagen das kleinste Fitness-Center der Welt und vor allem täglich einsetzbar. Möchten Sie mehr darüber erfahren, so können Sie sich im Internet unter www.biodyn.net informieren.

Die gesundheitlichen Auswirkungen der unterschiedlichen Sportarten sind vielfältig: Ausdauertraining stärkt die Herzmuskulatur und das Herz-Kreislauf-System. Der Blut(hoch)druck kann langfristig günstig beeinflusst werden. Bei Sport im Freien werden die Atemfunktionen der Lunge belebt und der Stoffwechsel angekurbelt. Andere Übungen und Sportarten wirken sich günstig auf die Verdauung und somit die Entgiftung des Körpers aus. Sport kräftigt das vegetative Nervensystem und die Abwehrkräfte und wirkt ausgleichend auf den psychischen und emotionalen Zustand und ist somit auch eine wichtige Grundlage für den Empfang der Intuition. Wenn jeder intuitiv seine Sportart herausfindet, so braucht er aber anschließend eine gewisse Anleitung, um diesen Sport körpergerecht durchzuführen.

Wie beim Sport verhält es sich auch mit der Ernährung. Ich bin kein Freund von Diäten, Kostformen und Ernährungsrichtungen. Dennoch steckt in jeder dieser Formen ein Fünkchen Wahrheit und Berechtigung, weil sie mit den Gesetzen der Natur übereinstimmen. Deshalb gebe ich Ihnen auch hier einige Tipps und Informationen zum natürlichen Umgang mit unserer Ernährung.

Intuitive Ernährung

Da ich immer wieder vom schädlichen Einfluss überhöhter Cholesterinwerte höre, kaufe ich Diätmargarine, obwohl mir Butter viel besser schmeckt. Doch Vorsicht, hab ich nicht eben erst gelesen, dass Margarine als Kunstfett gar nicht so gesund ist, ja, dass es einen Herzinfarkt sogar fördern kann? Also Margarine runter, Butter drauf - oder gar kein Fett? Nur auf Sonnenblumenöl muss ich verzichten, denn das soll ja Krebs erregend sein oder stimmt das vielleicht auch nicht?

Was heute als gesund angepriesen wird, kann morgen schon als gefährlich und Krebs erregend verteufelt werden. Die Ernährungsvorschläge der letzten Jahre sind voll von Fehlern und Widersprüchen. Gerade auf dem Gebiet der Ernährung hat sich in den letzten Jahren ein Idealismus herausgebildet, der keinem weitergeholfen, sondern mehr geschadet als genutzt hat.

Wenn nach der „richtigen" Ernährung gefragt wird, kann die Antwort nur lauten: Die „richtige" Ernährung kann nur eine „naturgemäße" Ernährung sein, die der individuellen Natur des Einzelnen entspricht. Es gibt keine ideale Kost, die für alle Menschen gleich gut ist. Was für den Einen gut ist, muss für einen Anderen noch lange nicht passen. Dennoch lohnt es sich, einige allgemeine Empfehlungen zu beherzigen und naturgemäß mit Nahrung umzugehen.

Jeder Mensch ist einmalig und dementsprechend individuell sind seine Bedürfnisse. Der Eine benötigt ganz andere Vitamine, Mineralstoffe oder bioaktive Substanzen als der Andere, weil jeder Mensch unter anderen Voraussetzungen lebt. Ein Mensch in Schleswig-Holstein braucht über seine Nahrung kein Jod aufnehmen im Gegensatz zu einem in Süddeutschland lebenden. Deshalb gibt es nur einen Maßstab für richtiges Essverhalten - ein bestimmtes Grundwissen und die Intuition.

Ernährungsratschläge, die sich nur auf den Nährwert von Nahrungsmitteln stützen, lassen außer Acht, dass Körper, Geist und Seele untrennbar und komplex miteinander verwoben sind. Wir wissen heute, dass der Körper jeden Gedanken, jede Stimmung augenblicklich über Botenstoffe, so genannte Neuropeptide, in ein chemisches Molekül umwandelt und damit „verstofflicht". So spielt auch bei der Ernährung diese wechselseitige Beziehung zwischen Geist und Körper eine große Rolle. Der Verdauungstrakt nimmt ja nicht nur stoffliche Nahrung auf und verarbeitet sie, sondern er verdaut auch seelische Eindrücke, „nichtstoffliche Nahrung". Aussprüche wie „Ich habe an diesem

Problem ganz schön zu kauen." oder „Etwas liegt mir im Magen." verdeutlichen diese Zusammenhänge. Ein Mensch, der Alltagsprobleme nur schwer verarbeitet, hat in der Regel auch ein geschwächtes Verdauungssystem. Der Mensch ist nicht nur das, was er isst, sondern das, was er verdauen kann. Die Verdauungskraft hängt wiederum von unserer geistigen Haltung, unserer seelischen Verfassung ab. Unvollständig „verdaute" seelische Nahrung hinterlässt ebenso Toxine im Körper wie unvollständig verdaute Nahrung. Sie löst ebenfalls chemische Reaktionen aus, zum Beispiel Sodbrennen und Beschwerden wie Magenschleimhautentzündungen und Magengeschwüre. Je mehr wir im Einklang mit uns sind, desto harmonischer funktioniert auch unser Körper, desto klarer können wir natürlich auch die Intuition wahrnehmen, die uns unser Gehirn vermittelt.

Ob wir dick oder dünn sind, entscheidet nicht eine Fettzelle, auch nicht der Kaloriengehalt unserer Nahrungsmittel, sondern einzig und allein unsere Einstellung zu uns selbst. Zahlreiche wissenschaftliche Untersuchungen über die biochemischen Hintergründe von Übergewicht und Fettsucht bestätigen letztendlich: Unser Stoffwechsel stellt sich immer so ein, dass er jeder Abweichung von unserem „passenden" Gewicht entgegenwirkt. Ist der Körper auf 70 Kilogramm programmiert, wird er alles tun, um dieses Gewicht beizubehalten. Nehmen wir zu, wird der Nahrungsüberschuss weniger schnell verbrannt. Wollen wir abnehmen, sollten wir dafür sorgen, dass die aufgenommenen Speisen schneller und besser verstoffwechselt werden. In Wirklichkeit wird unser Gewicht gar nicht von den verzehrten Kalorien bestimmt, sondern von unserer inneren Einstellung und der Art der Verstoffwechslung. Zwar kann durch Kalorienzufuhr oder Kalorienreduktion kurzfristig eine Zu- oder Abnahme erfolgen. Langfristig wird sich aber unser Körper immer wieder auf sein „programmiertes" Körpergewicht einpendeln. Es gibt Menschen, die essen wie die „Scheunendrescher" und sind dünn wie Bohnenstangen, andere brauchen nur ans Essen zu denken und nehmen schon zu.

Je größer unser Selbstwertgefühl ist, desto weniger sind wir abhängig von irgendwelchen willkürlichen äußeren Schönheitsidealen. Sinn unseres Lebens sollte es nicht sein, dass alle unsere Gedanken ums Essen kreisen. Bemessen wir in Zukunft Nahrung nicht mehr in Zahlen, sondern als Energie in Form von Schwingungen, von Licht und Farbe, als Bindeglied zwischen Geist und Materie, dann wird Essen wieder zum Genuss, der all unsere Sinne anspricht. Dann können wir uns über die Nahrung wieder heilen und unsere Sinne erfreuen.

Nahrung (vom Altgermanischen „retten", „am Leben erhalten") stillt mehr als nur unser Hungergefühl; sie ist vielmehr die Grundvoraussetzung für unsere körperliche und seelische Gesundheit. Jeder sollte sich seine ganz persönli-

Mit Genuss essen, vielleicht beim gemeinsamen Frühstück, spricht die Sinne an - und macht Spaß!

che optimale Ernährungsweise durch die Erfahrungen am „eigenen Leib" selbst erarbeiten. Wer Essen und Trinken nicht zur nebensächlichen Routine werden lässt, kann bewusster darauf achten, was und wie er isst - wobei Gesundes auch gut schmecken soll!

Sendet der Körper Signale in Form von Beschwerden oder Krankheiten, ist möglicherweise eine Umstellung der Ernährungsgewohnheiten sinnvoll. Das körpereigene Abwehrsystem wird neben psychischen Einflüssen unter anderem durch den Mangel an Vitaminen und Mineralien geschwächt oder durch Stoffwechselabbauprodukte blockiert. Deshalb soll gesunde Ernährung grundsätzlich im Vitamin-, Enzym-, Mineralstoff- und Eiweißgehalt ausgewogen sein. Eine vollwertige, laktovegetabile Ernährung ist die beste Grundlage für eine gesunde Darmfunktion und garantiert eine optimale Verwertung der Nahrung. Doch experimentieren Sie, welche Lebensmittel und Essgewohnheiten Ihnen am besten bekommen.

Wie schon gesagt, ist der Mensch nicht nur das, was er isst, sondern vielmehr das, was er verdauen kann. Gründliches und langsames Kauen ist deshalb so wichtig, weil hier bereits durch bestimmte Speichelbestandteile die Nahrung ideal vorverdaut wird. Das natürliche Sättigungsgefühl tritt außerdem viel schneller ein als beim bloßen Herunterschlingen.

Beginnen Sie damit, das tägliche Essen wieder zu einem Ritual der Ruhe, Besinnung und Dankbarkeit zu machen, denn essen bedeutet mental und körperlich Energie tanken und Vitalität steigern. Achten Sie als Faustregel darauf, worauf Sie Lust und Appetit haben. Bei welchen Nahrungsmitteln läuft Ihnen das Wasser im Munde zusammen, was ist zur Zeit saisonal zu haben? All diese Faktoren fördern eine richtige Entscheidung.

Den heutigen Bedürfnissen des Körpers kann meiner Ansicht nach, wie erwähnt, am besten eine laktovegetabile Kost gerecht werden, denn sie ist unter den heutigen Umständen, damit meine ich Luftverschmutzung, Bodenbeschaffenheit und denaturierte Nahrungsmittel, am leichtesten verwertbar. Sie sollte aus Obst, Salat, Gemüse und Gewürzkräutern, Getreide, Hülsenfrüchten, Nüssen, Samen, kaltgepressten Pflanzenölen sowie wertvollen Sauermilch- und Käsearten bestehen.

„Der kürzeste Weg zur Gesundheit
ist der in den Garten.“

Wenn wir „gesund essen“ hören, denken wir an Diätpläne, Kalorientabellen und Müsli. Das muss und das kann gar nicht sein. Denn jede Mahlzeit sollte einfach aus Gründen der Abwechslung ein kulinarisches Erlebnis sein, sollte Freude bereiten und mich natürlich bestens versorgen mit allem, was ich brauche. Dabei ist es wichtig, dass die Nahrungsmittel frisch sind, möglichst aus ökologischem Anbau stammen und schonend zubereitet werden. Das ist für mich eine zeitgemäße Ernährung, die den erhöhten Anforderungen angepasst ist. Aus diesen prinzipiellen Empfehlungen sind natürlich viele Variationen der Zubereitung möglich und fordern den Hausmann und die Hausfrau stark heraus, mit dieser neuen Küche kreativ zu werden. Bitte verwechseln Sie eine Änderung Ihrer Ernährungsgewohnheiten niemals mit Verzicht, sondern sehen Sie sie als Bereicherung an. Bereiten Sie Ihr Essen liebevoll, schmackhaft und appetitlich zu, damit alle Sinne davon profitieren.

Wasser ist Leben

Auch Wasser hat eine enorme Bedeutung für den menschlichen Körper. Denn der Körper eines Kindes besteht zu 70-75 % aus Wasser, der eines Erwachsenen zu 55-65 %, bei alten Menschen zu 30-45 %, bei 20 % tritt der Tod ein. Das Problem dabei ist: Mit zunehmendem Alter dehydriert der Körper, das heißt er trocknet aus, weil er Wasser nicht mehr speichern kann.

In der evolutionsbedingten Entwicklung des Menschen war ein Wasserrückhaltesystem für das Überleben von Nöten. Wasser wird in jeder Zelle gespeichert, wenn zum einen die Zelle funktionsfähig ist und zum anderen das Wasser eine bestimmte Qualität aufweist. Die Qualität des Wassers, das wir trinken, bestimmt damit unseren Alterungsprozess und unsere geistige Frische. Denn je besser das aufgenommene Wasser ist, desto schneller können sich Körperzellen regenerieren und erneuern, desto bessere Bindungseigenschaften mit essenziellen Spurenelementen hat es.

Im komplexen System der Wasserverteilung haben die Gehirnfunktionen Vorrang vor allen anderen Systemen - das Gewicht des Gehirns beträgt 1/50 des Körpergewichts, aber es enthält fast ein Fünftel des zirkulierenden Blutes. Wenn im System der Wasserregulierung und -verteilung die Rationierung immer nötiger wird, gibt es bestimmte Alarmsignale, die anzeigen, wenn der jeweilige Bereich zu wenig Wasser hat. Oftmals sind Migräne und Kopfschmerzen so ein Zeichen. Es ist ähnlich wie beim Kühler im Auto, aus dem Dampf entweicht, wenn das Kühlsystem bei der Bergfahrt überlastet ist.

Bei ausreichender Versorgung mit gutem Wasser sind der

Körper und besonders das Gehirn beweglicher, elastischer; dadurch verbessert sich der Informationsfluss und wir können die Intuition besser empfangen. Thermal- und Mineralwässer enthalten außerdem viele Spurenelemente mit spezieller Heilwirkung. An dieser Stelle möchte ich auf die wissenschaftlichen Erkenntnisse und das Buch von Dr. F. Batmanghelidj hinweisen.

Bei Seminaren auf der Insel Ischia, wo neben meinem Kurs auch Badeanwendungen und Trinkkuren angeboten werden, höre ich von den Teilnehmern stets, dass sie sich viel frischer und wacher fühlen. Einige der Thermen sind als so genannte Jungbrunnen bekannt und man stellt schon nach kurzem Aufenthalt fest, wie schnell Haare und Nägel wachsen und der Körper viel schöner und jugendlicher aussieht.

Natürliche Körperpflege

Wer glaubt, Wasser nur über das Trinken aufzunehmen, irrt sich. Der Körper kann über die Haut bis zu einem Liter Wasser in der Badewanne, in Thermal- und Mineralbädern aufnehmen. Das setzt allerdings ein gesundes Hautmilieu voraus, was heutzutage bei den wenigsten Menschen zu finden sein dürfte. Die meisten Reinigungs- und Körperpflegeprodukte wie Cremes, Lotionen und Seifen enthalten viele Substanzen, die der Haut mehr schaden als ihr gut tun. Nach jahrelangem Gebrauch geht es dann auch gar nicht mehr anders - Haare, Kopfhaut und Haut verlangen nach unbelasteten Produkten, die die Hautfunktion fördern und den Körper pflegen und verschönern.

Viele meiner Freunde bestätigen mir, seit sie unbelastete, natürliche Produkte verwenden, ist ihre Haut nicht nur schöner, sondern auch ihr Empfindungsvermögen stärker. Haut und Haar sind unsere äußeren Kontaktorgane und für den Empfang der Intuition mit entscheidend. Über sie nehmen wir nicht nur äußere Einflüsse wie Berührungen wahr, sondern auch ganz feine Schwingungen und Informationen. Vielleicht kennen Sie synthetische Kleidung; wie fühlen Sie sich darin?

Gesunde Haare sind ebenso ein Empfangsorgan, eine Antenne für die Intuition. Über die Haut, wie auch über alle anderen Sinnesorgane, nehmen Sie die Ausstrahlung, also die Schwingung eines anderen Menschen wahr. Der Ausspruch: „Der stinkt mir" oder „Ich kann dich nicht mehr riechen" verraten, dass die „Chemie" zwischen zwei Personen nicht stimmt. Wenn man in jemanden verliebt ist, möchte man ihn riechen, seine Stimme hören und ihn ständig berühren. Durch diese Berührungen erfährt man einen Energieschub und Geborgenheit. Denken Sie an Kleinkinder; wie hungrig sie nach körperlicher Berührung sind, wie gerne sie Hautkontakt haben und wie wichtig das für ihre gesamte Entwicklung ist. Liebesfähigkeit oder Berührungsängste haben mit der Haut zu tun. „Liebe geht unter die Haut."

Bitte gehen Sie auch bei der Wahl Ihrer Körperpflegeprodukte intuitiv vor, Sie werden mit der Zeit zu den Richtigen geführt. Wenn nicht, bin ich gerne bereit, Ihnen weiterzuhelfen, denn ich befasse mich schon über zehn Jahren mit diesen Themen. Dabei habe ich festgestellt, dass die äußerliche Haut mit den Schleimhäuten im Körper, wie beispielsweise im Magen-Darmbereich eines gemeinsam hat: Sie wird von körperfreundlichen Mikroorganismen besiedelt, die für ein gesundes Milieu sorgen.

Körperfreundliche Mikroorganismen – Wegbereiter für mehr Intuition

Eine Ernährung mit Eiweiß, Zucker, Lecithin, bioaktiven Substanzen und Spurenelementen ist für unser Denkvermögen und unsere Intuition von großer Wichtigkeit. Es gibt allerdings noch weitere Stoffe, die direkt mit unserer Denkleistung zusammenhängen, nämlich Mikroorganismen, zum Beispiel der Gesundheit nützliche, „gesunde" oder „körperfreundliche" Bakterien, die in Spuren vorkommen und die auch als „Botenstoffe" im zentralen Nervensystem wirken.

Gärgetränken spricht man schon seit Jahrtausenden eine mystische und heilende Kraft zu. Sie gelten schon seit alters her als Göttergetränke und Wunderheilmittel.
Für indische Brahmanen war es früher undenkbar, ihr Gärgetränk Soma, das vermutlich mit vielen Mikroorganismen versetzt war, „nur" zur Behandlung körperlicher Beschwerden einzusetzen. Sie lebten im vedischen Zeitalter, das weit vor unserer Geschichtsschreibung begann und Jahrtausende Bestand hatte. Soma war ein Göttertrank, der laut Überlieferung die Urkräfte des Lebens beinhaltete. Er sollte Brahmanen nicht nur Gesundheit verleihen, sondern vor allem geistig und körperlich reinigen, verjüngen und Energie für geistiges Wachstum verleihen.
Die zentrale Bedeutung der Mikroorganismen für unsere Gesundheit wurde erst in den letzten Jahrzehnten wissenschaftlich bestätigt. Kaum jemand weiß, was Mikroorganismen sind und wie sie wirken. Ihre gesunde Wirkung wird erst verständlich, wenn wir sie als Bindeglied innerhalb des Ökosystems Mensch begreifen. Das Verständnis hierfür setzt eine ganzheitliche Gesundheitsauffassung

voraus und gibt auch der modernen Gehirnforschung neue Impulse.

Ein hoher Gehalt an lebenden Mikroorganismen wie aktiven Lactobacillen (Milchsäurebakterien), möglichst auch Bifido- und Hefekulturen spielen im Immunsystem eine Schlüsselrolle. Über die Nahrung aufgenommen, unterstützen sie die Gesundheit über den Darm auf erstaunlich vielfältige Weise: Sie
• fördern die Verdauung,
• regen das Immunsystem an,
• unterstützen das Gleichgewicht der Darmflora,
• helfen bei der Abwehr schädlicher Keime,
• erzeugen Vitalstoffe wie Vitamine und Enzyme.

Auf Haut und Schleimhäuten
• sorgen sie für ein optimales Hautmilieu,
• schützen vor dem Eindringen schädlicher Bakterien,
• unterstützen die Erneuerung von Hautzellen.

Ein Beispiel für ihr natürliches Vorkommen und ihre Wirkung im Körper sind die Bacillus subtilis Bakterien, die vor allem im Wald produziert und durch sich zersetzendes Laub freigesetzt werden. Da man sie über die Atmung aufnimmt, ist es so gesund in Laubwäldern spazieren zu gehen. Aber auch andere Bakterien spielen für den Körper eine lebenswichtige Rolle. Hier will ich kurz einen Einblick in die Welt dieser lebenswichtigen Symbionten geben (Symbionten deshalb, weil sie in Symbiose mit dem Menschen leben):
Das Darmmilieu wird geprägt von der Nahrung, die wir zu uns nehmen. Der Darm braucht und benötigt ein eigenes gesundes Milieu aus Nähr-, Mineral-, und Ballaststoffen

sowie aus körperfreundlichen bakteriellen Symbionten, wie dies auch für die Wurzeln einer Pflanze zutrifft. Denn ist der Standort einer Pflanze ein humus- und wirkstoffarmer Boden, der von schädlichen Organismen durchsetzt ist, so vermag die Pflanze ihre Anlagen nicht auszubilden und verkümmert.

Bei einem Menschen ist das ähnlich, viele Erkrankungen gehen einher mit einer so genannten Dysbakterie, einer Störung des normalen Bakterienhaushaltes im Darm. Schädliche Keime können dann leicht Fuß fassen und Folgeerkrankungen entstehen. Für ein gesundes Darmmilieu ist die Bakterienbesiedelung des Verdauungstraktes von grundlegender Bedeutung.

„Forscher sind sich einig: Selbst wenn alle Wissenschaftler dieser Erde gemeinsam nur einen einzigen Mikroorganismus nachbauen wollten - sie würden scheitern. Falls dies doch gelänge, wäre damit nicht viel erreicht, denn alle Mikroorganismen im menschlichen Körper stehen in wechselseitiger Abhängigkeit zueinander. Sie bilden ein Ökosystem, vergleichbar mit einem Wald. Ein gesunder Wald ist von einer gesunden Umwelt abhängig - und umgekehrt." (Dipl. Ing. N. Hartwig in seinem Buch „Probiotics", S. 12)

Symbionten sind nicht nur im Darm aktiv. Sofern die Darmflora intakt ist, können diese eigenständigen, intelligenten Mikroorganismen für andere Aufgaben im Blut und dadurch im ganzen Körper herangezogen werden. Besonders das Gehirn profitiert von der Existenz dieser kleinen lebenswichtigen Freunde und Helfer, da sie bei der Umsetzung der Nahrung auch Stoffe freisetzen, die als Neurotransmitter oder Botenstoffe, wie sie auch genannt werden, im Gehirn zum Einsatz kommen.

Wie nehmen wir sie auf? Einerseits über spezielle Lebensmittel. Mittlerweile bietet der Lebensmittelhandel viele
dieser wertvollen Symbionten in Joghurts, Quark-, anderen Sauermilch- und Naturkäseprodukten an. Auch in Gärgetränken wie Kefir, Kombucha, Wein und Bier finden wir
diese Kleinstlebewesen. Andererseits nehmen wir Mikroorganismen natürlich über die Luft auf. Viele von ihnen
kommen in Reinkultur in besonders guter Luft vor. Laub-
wälder, die Umgebung von Seen und das Hochgebirge
sind ideale Lebensräume für diese Kleinstlebewesen.
Selbst ein Spaziergang im Regen kann zur Aufnahme von
Symbionten beitragen. Denn gerade nach Regenfällen
oder im Nebel ist die Luft mit Symbionten besonders ge-
sättigt.
Was hat das nun alles mit dem Gehirn und vor allem mit
der Intuition zu tun?
Genau das ist mein Ansatz für das Gehirn, sprich für die Intuition. Je höher die Anzahl an körperfreundlichen Mikroorganismen in mir ist, desto klarer darf ich die Intuition
empfangen.
Das stelle ich ganz deutlich bei mir selbst und bei meinen
Seminarteilnehmern fest. Ob in der reinen Bergluft oder
an der See, Inspiration und Intuition sind um ein Vielfaches
stärker. Natürlich sind das nur empirische Feststellungen,
deshalb lade ich Sie ein, das selbst auszuprobieren.

Was beeinträchtigt die Intuition?

Das kann mehrere Gründe haben: Nicht-Glaube an die Intuition ist einer, der körperliche Zustand ein anderer. Auch Faktoren, die eine sinnvolle Kommunikation mit dem eigenen Ich behindern, können Ursache dafür sein; Beispiele dafür sind: emotionale Blockaden, übermäßiges Sicherheitsbedürfnis, Angst vor der Veränderung, Disziplinlosigkeit und Versagensängste. Sie alle können den Empfang intuitiver Botschaften blockieren. In der Partnerschaft kann sich das so auswirken: Eine Beziehung ist festgefahren, die Partner blockieren sich gegenseitig, ohne das zu wollen. Wenn aber einer Angst vor dem Alleinsein hat, wird er seine innere Stimme, die ihm rät, die Beziehung zu beenden, nicht hören wollen, weil es für ihn immer noch sicherer erscheint in dieser Partnerschaft zu bleiben als ein Single-Dasein oder ein materieller Neubeginn. Auch gesellschaftliche Konventionen, Traditionen und Stolz trennen viele Menschen von ihren ureigenen Gefühlen und halten sie in alten Gewohnheiten und Strukturen gefangen. Das Resultat: Leid, Gram und vielleicht sogar Krankheit.

„Ich glaube, dass heute schon sehr viele Menschen bereit sind, nach einem Weg zu suchen, der den Menschen befriedigt und ihn respektiert. Viele spüren, dass ein Leben, das dem Erfolg, dem Geld, der Konkurrenz, der Ausbeutung dient, in Wirklichkeit ein Leben ist, das die Menschen unglücklich macht."

Erich Fromm, Interview Lodemann, 1977

Übertriebener Materialismus und mühsam aufrechterhaltene Illusionen und Lebenslügen wirken dem inneren Ratgeber genauso entgegen, wie zu sehr auf die Ratio gestützte Meinungen. Dieses Phänomen findet sich gerade in der kopfgesteuerten Männerwelt häufig. Frauen sind meist intuitiver. Sie vertrauen mehr ihrem Bauchgefühl und werden natürlich dadurch bestärkt, die nächste Entscheidung wieder intuitiv zu treffen. Viele Frauen leben allein schon wegen ihrer mütterlichen Eigenschaften und ihrer fürsorglichen Ader wegen intuitiver. Frauen können dementsprechend besser mit ihren Gefühlen umgehen, bekommen aber Schwierigkeiten, wenn sie diese Männern mitteilen möchten, weil diese sie oft nicht verstehen. Ich glaube, alle, die in einer Partnerschaft leben, kennen dieses Problem. Sicher gibt es aber auch Beziehungen, in denen der Mann intuitiv ist und die Frau die „Kopflastige". Mein Leben änderte sich ganz entscheidend, als ich meine Denkweise veränderte. Dadurch, dass ich nicht mehr anderen Schuld zuweise, sondern ich selbst für Konflikte, Störungen und unangenehme Ereignisse um mich herum die Verantwortung übernehme, sehe ich meine Umwelt ganz anders. Bitte verstehen Sie mich richtig, natürlich kann mir ein anderer Probleme machen, mich stören oder sogar „sabotieren", doch gerade solche Situationen haben eine Bedeutung für mich. Stets spiegelt mir der Andere mein Verhalten. Bei meiner Suche nach Veränderungsmöglichkeiten stieß ich auf fünf Eigenschaften, die mir mein Leben schwer machen. Sechs andere Werte und Ziele habe ich als Gegenpol definiert, die ich stärker in mein Leben integrieren möchte.

Kritiksucht: Die Suche nach Fehlern bei anderen fällt auf einen zurück. „Zeigst du mit einem Finger auf einen anderen, so zeigen drei Finger auf dich zurück!"

Disharmonie zwischen Intuition und Ego

Intuition	&	Ego
F reude		**K** ritiksucht
R einheit		**R** echthaberei
I nspiration		**I** ntoleranz
E hrlichkeit		**E** ifersucht
D emut		**G** eltungssucht
E inheit		

Rechthaberei: Wenn ich alles besser weiß, die Meinungen anderer wenig gelten lasse und zu Rabulistik neige, habe ich es sehr schwer im Umgang mit anderen. Kleinliche und spitzfindige Argumente lassen dem Gesprächspartner keinen Raum.

Intoleranz: Bei Intoleranz neige ich dazu, eigene Schwächen zu dulden, bei ähnlichen Schwächen meiner Mitmenschen mich dagegen aufzuregen.

Eifersucht kann sich auch als eine Art Wetteifern und Neid bemerkbar machen.

Unsere Leistungsgesellschaft macht es uns nicht einfach, hinter die vielfältigen Nuancen der Eifersucht zu schauen. Besser sein wollen, stärker glänzen zu wollen, nicht hinten anstehen wollen, sind nur einige Beispiele.

Das Thema **Geltungssucht** hat Deepak Chopra in seinem Buch „Die sieben geistigen Gesetze des Erfolgs" so trefflich auf den Punkt gebracht:

„Der größte Teil unserer Energie wird zur Aufrechterhaltung unserer Wichtigkeit verschwendet .... Wenn es uns gelänge, diese Wichtigkeit teilweise abzulegen, würden sich zwei ungewöhnliche Dinge ereignen. Zum einen würden wir unsere Energie freisetzen, damit sie nicht mehr die illusorische Vorstellung unserer Großartigkeit aufrechterhalten muss. Zum anderen würden wir uns genügend Energie verschaffen, um ... einen Schimmer von der tatsächlichen Großartigkeit des Lebens aufzufangen."

Was können wir diesen Untugenden entgegensetzen?
Freude an allem, Freude über alles, was geschieht, denn es dient deinem Wohl. In allem das Beste sehen und sich wünschen, seinen Mitmenschen Vorbild zu sein und Verständnis zu haben.
Reinheit: Reinheit des Körpers und der Gedanken.
Inspiration und Energie. Wir brauchen Menschen im Leben, die uns in bestimmten Situationen Zuversicht, Hoffnung und Aufladung in Form von Energie schenken. Durch diese „Geborgenheit" werden wir empfänglich für Inspiration und Kreativität.
Ehrlichkeit mit sich und anderen. Auf dieses Thema werde ich im Kapitel „Intuitiver Umgang mit Geld und materiellen Gütern" noch genauer eingehen.
Demut: Unter Demut verstehe ich, den Mut zu haben zu sich zu stehen, sich in bestimmten Situationen zurückzunehmen und dennoch sein ganzes Potenzial zum Ausdruck zu bringen. Liebe ist die höchste Form der Demut.

Was passiert, wenn ich die Intuition überhöre?

Wer die Intuition überhört, erfährt meist schon wenig später, dass sie mich ermuntern oder warnen wollte.
Eine Ereigniskette entsteht: Die ersten Anzeichen bei Warnungen sind Gewissensbisse oder ungute Gefühle (Laune), es folgen kleine Missgeschicke, dann größere Missgeschicke. Überhört man die Intuition weiter, folgen hauptsächlich bei Männern berufliche Misserfolge (da sind viele Männer verwundbar), bei Frauen treten vermehrt körperliche Beschwerden auf, bevor sich Krankheiten manifestieren.

Ich habe hier ein ideales Beispiel erlebt: Stellen wir uns folgende Entscheidungssituation vor, die eine Bekannte vor kurzem erlebte. Sie bekam ein sehr lukratives Angebot für eine Führungsposition mit hoher Verantwortung in einem großen Unternehmen.
Die Frage, die sie sich nun stellte, war: Ist das nun eine Chance und Herausforderung für mich oder eine Versuchung?
Das erste Gefühl, das sie hatte, war: „Nein, ich wollte doch eigentlich etwas anderes machen und auch etwas kürzer treten und mehr Freizeit haben, mehr in meine Gesundheit und Familie investieren."
„Ja aber ... so ein hohes Gehalt, ein eigener Dienstwagen, ein hohes Ansehen - sollte ich das tun?"
So ging es hin und her. Gefühl und Verstand raubten sich die letzten Energien, ein ständiges Für und Wider. Noch weniger Klarheit bekam sie, als sie ihren Bekanntenkreis mit einbezog. Erst das Insichgehen, der starke Wunsch, die richtige Entscheidung zu erspüren, verhalf ihr Zeichen um Zeichen zu erkennen.

Ein von der Geschäftsführung schlecht organisiertes Vorstellungsgespräch, ein plötzlich auftauchender Mitbewerber und ein Hinweis ihres Arztes, etwas mehr für die Gesundheit zu tun, verhalfen ihr zur Entscheidung, diesen verlockenden Job nicht anzunehmen.

Als diese Entscheidung feststand, fielen ihr Felsbrocken vom Herzen, ein Gefühl der Freiheit und der Erleichterung durchströmten sie. Kurze Zeit darauf traf sie kompetente Personen, die ihr zu diesem Schritt gratulierten und sie erhielt obendrein ein Berufsangebot unter wesentlich besseren Voraussetzungen.

Die Kunst besteht darin, so früh wie möglich Hinweise im Alltag zu beachten. Denn wer seinem inneren Ratgeber misstraut und ihn missachtet, und das macht die Mehrheit der Menschen, muss immer wieder feststellen, dass er gewisse Situationen „reparieren" muss. Denn das Misstrauen entsteht auf Grund zahlloser rationaler Argumente, die einem die Bauchentscheidung „ausreden" wollen. Solche „Reparaturen" kosten immer viel Zeit und Energie. Das sollten wir gerade in unserer schnelllebigen Zeit besonders beachten. Richtige Entscheidungen - weniger Reparaturen - mehr Zeit, mehr Energie, mehr Geld. Wem es gelingt, sich für seine Intuition und Gefühle zu sensibilisieren, findet außerdem viel leichter seinen Weg durch den Dschungel des Lebens und läuft weniger Gefahr, manipuliert zu werden.

Dazu ein weiteres Beispiel: Während eines Seminars in Süditalien besuchte mich ein Freund. Da unser Hotel etwas abgelegen war und wir relativ immobil waren, lieh sich mein Freund einen Motorroller. Er war begeistert, wie gut und schnell diese Zweiräder sind, und fragte mich, ob ich mir nicht auch so ein Gefährt leihen möchte. „Frag doch mal den Hotelbesitzer, ich weiß, der hat noch einen Roller in der Garage", drängte er mich. Sie glauben gar nicht, wie groß die Versuchung war, gleich zu fragen. Da ich für mich allerdings festgelegt habe, solche Entscheidungen auf den nächsten Tag zu verschieben, fragte ich ihn an diesem Tag noch nicht. Obwohl der Wunsch nach Mobilität in mir wuchs, warnte mich mein Gefühl immer wieder stark. Der Verkehr auf der Insel, die rücksichtslosen Verkehrsteilnehmer, das ungewohnte Gefährt und auch die Mietkosten. Was war nun richtig? Auf diese Frage erhielt ich tags darauf eine eindrückliche Antwort. Mein Freund wollte über einen hohen Randstein fahren, um den Roller zu parken und gab dabei zu viel Gas. Das Zweirad stieg hoch und fiel auf meinen Freund. Resultat: Schlüsselbeinbruch.

Im Gespräch erfuhr ich später, dass ihn seine Intuition zuvor ebenfalls gewarnt hatte, doch für ihn war die Versuchung größer.

Bestimmt kennen auch Sie Situationen, in denen Sie Ihre Intuition überhörten und reparierten und solche, in denen Sie richtig handelten. Vielleicht wollen Sie sich letztere noch einmal in Erinnerung rufen.

Über Missgeschicke und Lebenskrisen

Unangenehme Gefühle und Gewissensbisse sind Alarmsignale. Hat man zum wiederholten Mal die Intuition missachtet wird man häufig mit **Missgeschicken** konfrontiert. Missgeschicke sind unangenehme oder belastende, beziehungsweise peinliche Situationen, die durch verschiedene Formen der Tagträumerei und durch Konzentrationsmangel hervorgerufen werden. Missgeschicke wollen mich auf wiederholtes Fehlverhalten aufmerksam machen - reagiere ich auf sie, so brauche ich keine erleben. Reagiere ich nicht, stehe ich vor einer Hürde, die es zu überwinden gilt. **Hürden** sind die eigenen Unzulänglichkeiten und Schwächen - alle negativen Seiten der Persönlichkeit, die richtiges Verhalten und damit intuitive Entscheidungen behindern. Sie sind allerdings für meine Persönlichkeit von großem Nutzen, denn ich habe die Aufgabe, diese Hürden in meinem Leben zu überqueren - ich wachse an ihnen.

Es kann aber auch das ein oder andere Mal passieren, dass ich mich in einer Situation befinde, wo es weder vor noch zurück geht und ich mich wie in einer **Sackgasse** fühle. Sackgassen bestehen in Lebenssituationen, Gewohnheiten oder Beschäftigungen, für die ich mich aus Verstandesgründen entschieden habe und an denen ich festhalte. Sie können zu einer Dauerbelastung werden und enden oftmals in gesundheitlichen Störungen.

Gesundheitliche Störungen und ihre Hintergründe

Lange Zeit war herrschende Meinung, gesundheitlichen Störungen liegen stets organische bzw. körperliche Ursachen zugrunde. Neue Erkenntnisse, wonach auch seelische Faktoren Krankheiten auslösen können, wurden von vielen Fachleuten bereits mehrfach bestätigt. Repräsentative Studien gehen heute davon aus, dass ca. 60 % aller Patienten unter psychisch bedingten Beschwerden leiden. Leider reagieren viele Menschen immer noch mit Skepsis oder Ablehnung auf die Diagnose „psychisch bedingte Beschwerden", obwohl sie intuitiv wissen, dass die

Ursachen in ihrem Verhalten liegen; eine gewisse Zeit lang haben sie das aber verdrängt. Diese seelischen Ursachen manifestieren sich dann auf der körperlichen Ebene in Form von organischen Fehlfunktionen. Der ganze Körper ist ein Spiegel der Persönlichkeit und Krankheiten sind in vielen Fällen ein Korrektiv für das jeweilige Verhalten.

„Heilung ist eine Wiedereinführung des Kranken in die göttliche Ordnung der Natur, eine Rückkehr in die Geborgenheit ihrer Gesetze." Paracelsus

Die moderne Heilkunde rät bei psychovegetativen Störungen zu ganzheitlichen Behandlungsformen, die das Gleichgewicht von Körper und Seele insgesamt verbessern können. Noch wirksamer ist, durch selbstverantwortliches Handeln die Selbstheilungskräfte des Körpers zu aktivieren. Dabei spielt wiederum die Intuition eine Schlüsselrolle, denn wer weiß schon so genau, was für mich richtig und wirksam ist.

Der Mensch ist eine Einheit aus Körper, Seele und Geist. Alle drei sind untrennbar miteinander verbunden. Ist eines krank, so sind auch die beiden anderen betroffen. Harmonie und Gesundheit kann ich nicht per Krankenschein bekommen. Dafür muss ich stets selbst etwas tun. Das Bewusstsein um diese Abhängigkeit führt mich zurück in eine hohe Eigenverantwortung mir selbst und meinem Umfeld gegenüber.

„Befreie Dich von der Einstellung, andere für Deine Lebensumstände verantwortlich zu machen."

Intuition – Basis für Lebenserfolg

Gesetze der Ordnung und Harmonie in der Natur

Naturgesetze unterliegen einer unverrückbaren Ordnung, die im ganzen Kosmos wie auch im menschlichen Körper wirkt, im Kleinen wie im Großen oder „Mikrokosmos ist Makrokosmos". Ihre Gültigkeit wurde durch die Naturwissenschaften nachgewiesen und man kann sie überall in der Natur erkennen.

Unter Lebensgesetzen verstehe ich Naturgesetze, die den menschlichen Körper, wie aber auch die menschliche Psyche steuern. Sie sind für die schöpfungsgerechte Entwicklung des Menschen unerlässlich. Der freie Wille, das Ego des Menschen unterscheidet ihn von allen anderen Lebewesen und ist für ihn die größte Hilfe für seine seelische Entwicklung. Nur so kann er sich freiwillig entscheiden - für oder gegen eine Lebensordnung. Lebensgesetze bestimmen die Lebensgrundlagen des Menschen. Natürlich hat die Psychologie immer wieder versucht menschliche Tugenden, Verhaltens- und Charaktereigenschaften eindeutig zu definieren, ist aber stets an die Grenzen des Wunderwerkes Mensch gestoßen. Verhält sich ein Mensch diesen Regeln entsprechend und geht konzentriert durch den Tag, findet er auch bei schwierigen Entscheidungen die richtigen Lösungen. Als Belohnung erhält er ideale Lebensbedingungen, Zufriedenheit, Vitalität und Lebensfreude. Verstößt er dagegen bewusst oder auch unbewusst gegen diese Natur- und Lebensprinzipien (ähnlich dem Verstoß gegen die Verkehrsregeln), so muss er mit unliebsamen Störungen, Blockaden und Schwierigkeiten in seinem Leben rechnen.

> *„Was der Mensch sät, wird er ernten."*

Schon Hippokrates wusste: *„Krankheit beruht auf dem wiederholten Verstoß wider die Gesetze der Ordnung und Harmonie in der Natur."*
Eindeutige Negativbeispiele menschlichen Handelns gegen die Naturgesetze: Dünnerwerden der Ozonschicht durch den Treibhauseffekt, BSE und Maul- und Klauen-Seuche. Ganz zu schweigen von den Machenschaften der Nahrungsmittelindustrie, die versucht, den Menschen mit günstig erzeugter, minderwertiger Nahrung Lebenslust und Fortschritt vorzugaukeln, eigentlich aber nur eines im Sinne hat - Gewinnmaximierung, koste es was es wolle. So sind aus einstmals Lebensmitteln - Mitteln zum Leben! - vielfach nur noch Sättigungs-, Sucht- und Genussmittel geworden.
Warum ist ein Mensch geduldiger als der andere, warum hat der eine mehr Disziplin als der andere oder warum kann sich der eine besser entscheiden als der andere? Alles Fragen, die mit individuell wirkenden Lebensgesetzen beantwortet werden können.

Lebt der Mensch im Einklang mit diesen Gesetzen, so zieht er ideale Lebensbedingungen an, wie Gesundheit, Wohlstand und Lebensfreude. Alle diese Erscheinungen unterliegen bereits einem übergeordneten, universellen Lebensgesetz, dem Prinzip von Ursache und Wirkung.

Die Macht des Wünschens

Sehnen Sie sich auch nach mehr Freude, Zufriedenheit, Geborgenheit und Vitalität? Liegt Ihnen eine bessere Beziehung zum Partner, zu den Arbeitskollegen am Herzen? Streben Sie nach mehr Erfolg? Wenn Sie etwas in Ihrem Leben verändern wollen, müssen Sie sich Ziele setzen.

Wünsche sind der Beginn der Arbeit an uns selbst. Wenn wir uns richtig verhalten, richtig im Sinne des Ganzen, dann wird unser Leben erfreulich verlaufen. Behalten Sie aber im Auge, dass wir nicht isoliert leben, sondern stets Verantwortung gegenüber unseren Mitmenschen tragen. Richtig ist, was nicht nur uns selbst, sondern auch anderen nützt.

Wir haben bereits über den Ursprung der Intuition gesprochen und ich bin der Meinung, dass sie - nach der Brockhaus-Definition - eine „Eingebung" von einer anderen geistigen Ebene, von Gott oder höheren Ebenen ist.

„Der Mensch denkt (wünscht), Gott lenkt!"

Meine Wünsche sind meine Kommunikation mit Gott, die Intuition ist seine Antwort in Form von Gefühlen, Denkanstößen, Impulsen usw.

Sich etwas zu wünschen heißt also in diesem Zusammenhang nicht, sich irgendwelche materiellen Dinge anzueignen um glücklicher zu sein, sondern zielt auf die inneren Werte ab, die uns wirklich glücklich machen. Alles andere sind Ersatzbefriedigungen und entspringen meist einer egoistischen Grundmotivation. Sich mit Statussymbolen zu schmücken bedeutet oft, dass man stärker zur Geltung kommen möchte.

Ich hoffe, Sie verstehen mich richtig. Statussymbole, qualitativ hochwertige Produkte und Maschinen, die mir mein Leben erleichtern und verschönern sind nicht falsch, im Gegenteil, doch sollte man sie aus der richtigen Motivation und Haltung heraus anschaffen. Auch dazu brauche ich als Entscheidungshilfe meine Intuition und die Ehrlichkeit mir selbst gegenüber. Im Übrigen habe ich oft erlebt, dass Dinge, die ich mir wünsche, bei richtigem Verhalten von selbst zu mir kommen, ich muss mich gar nicht um sie bemühen.

Dazu nur eines von vielen Beispielen: Als ich mich in einer desolaten finanziellen Lage befand, hatte ich zu Frühlingsbeginn den Wunsch nach einer neuen Lederjacke. Da ich sehr modebewusst bin, sollte es natürlich nicht bloß irgendeine Lederjacke sein. Einige Tage später besuchte ich eine Freundin. Als ich gehen wollte, sah ich an ihrer Garderobe eine schwarze Lederjacke hängen und fragte sie, ob ich kurz hineinschlüpfen könne. „Natürlich," sagte sie, „wenn sie dir passt, nimm sie gleich mit, mir ist sie viel zu groß." Seitdem bin ich stolzer Besitzer einer modischen Lederjacke.

Ich bin sicher, Ihnen fallen auch Situationen ein, in denen sich Ihre Wünsche auch quasi wie von selbst erfüllten. Und falls nicht, was wünschen Sie sich denn jetzt gerade ...?

Der Mensch wünscht sich ständig irgendetwas, doch oft widersprechen sich diese Wünsche. Daher ist es wichtig zu überlegen, was man erreichen will, denn Wünsche sind wie gesagt wichtige Gestaltungsmittel. Sie sind richtungweisend für unser Denken und Handeln. Durch unser Denken, Wünschen und Verhalten üben wir vielfältigen Einfluss aus. Daher ist es im eigenen wie im Interesse der gesamten Umwelt sinnvoll in den Wünschen auch die Umwelt mit zu berücksichtigen.

Der wichtigste Wunsch für mich ist: „Ich möchte das tun, was mir wirklich wichtig ist." In Wünschen steckt ungeheure Macht, weil sie, wie oben beschrieben, meine Kommunikation mit dem „lieben Gott" sind. Allerdings sind Gott die Hände gebunden, wenn wir nicht bewusst wünschen. Das wissen schon kleine Kinder, deshalb schreiben sie zu Weihnachten einen Wunschzettel.

Ich halte meine Wünsche so neutral wie möglich und wünsche mit äußerster Vorsicht, damit aus einer Vielfalt an Möglichkeiten für mich ganz individuell ausgewählt werden kann. Wenn wir unsere Wünsche aufschreiben, ein Tagebuch oder ein so genanntes Erfolgsjournal führen, wie es auch mancher erfolgreiche Manager tut, erhalten wir viel mehr intuitive Hilfe und Impulse für richtiges Verhalten. Richtiges Verhalten ist nie egoistisch.

Verantwortungsbewusste Mitarbeiter eines Unternehmens freuen sich beispielsweise nicht nur am eigenen Erfolg, sie wissen, dass der Erfolg ihrer Kollegen dem Ganzen und damit auch ihnen selbst hilft, und können sich mitfreuen. Mit dieser Einstellung tragen sie erheblich zu einem guten Betriebsklima bei und fühlen sich wohl, was wiederum ihrer Arbeit und darüber hinaus der eigenen Familie zugute kommt.

Wie kann man von einem Wunsch beseelt, durchdrungen und begeistert sein?

Vorstellungskraft: Mir vom gewünschten Ziel ein genaues Bild, eine Vision entwickeln. Eine Vision ist eine Vorstellung der Zukunft, eingefroren in einem einzigen Bild. Visualisieren bedeutet, im Geiste von einem zukünftigen Ereignis ein vollständiges Bild zu entwickeln. Das Gehirn braucht solche Bilder, um alle Sinnesorgane zur Verwirklichung des brennenden Wunsches zu sensibilisieren und alle Energien einzusetzen, um unsere Wünsche zu verwirklichen. Lernen Sie in Bildern zu denken. Vergegenwärtigen Sie sich ein Finalbild, und zweifeln sie nicht an der vorweggenommenen Wirklichkeit.

Das Training dazu:
- Behalten Sie Ihre Vision eine gewisse Zeit für sich, bevor Sie sie anderen mitteilen.
- Holen Sie Ihre Vision mindestens zweimal am Tag in Ihre Vorstellung. Am besten nach dem Aufwachen und vor dem Schlafengehen.
- Vertrauen Sie auf die Kraft Ihrer Vision. Sie wird Sie und Ihre Handlungen leiten, ohne dass Sie es merken, ganz automatisch werden Sie Ihrer Vision näher kommen.
- Bleiben Sie geduldig - Schritt für Schritt von Etappe zu Etappe
- Wenn Sie Ihre Vision nicht mehr mit Freude erfüllt, so kann es sein, dass das Thema sich erledigt hat und Sie eine neue Vision kreieren müssen, die jetzt besser zu Ihrem Leben passt.

Willenskraft entwickeln: Nichts ist umsonst! Erfolgreich und glücklich zu sein, verlangt Köpfchen, Ausdauer, Fantasie, Disziplin, einen starken Willen und den Glauben an sich selbst. Beispiele im Sport gibt es genügend: Denken Sie an die Athleten, die bei der Olympiade oder einer Weltmeisterschaft siegen wollen - durch Fleiß, den unbedingten Willen zum Sieg und die Kraft ihrer Vision.

Ein kleiner Exkurs in die Bergwelt mit dem Fazit:
Unbeirrt am Ziel festhalten, flexibel bei den Mitteln sein

„Vor meinem Aufbruch suchte ich mir die meiner Meinung nach beste Route auf den Gipfel aus, indem ich hinaufblickte und zu mir sagte: „Dort will ich hin." Ich zog eine imaginäre Linie von der Bergspitze zu meinem Standort. Nach etwa einer Stunde Marschzeit überquerte ich einen Grat, der im Tal meine Sicht blockiert hatte, und erkannte von meinem neuen Standpunkt aus einen besseren Weg zum Gipfel. Nachdem ich eine weitere Stunde geklettert war und glücklich einige kleine Umwege bewältigt hatte, sah ich, dass es eine dritte direkte Route gab. Glücklicherweise war mein ursprünglicher Plan nicht allzu strikt. Tatsächlich merkte ich von meinem jetzigen Standort, dass das, was ich für den Gipfel gehalten hatte, nur ein Felsvorsprung etwa 100 m unterhalb des eigentlichen Berggipfels war. Ich hatte mich sogar in meinem Ziel getäuscht und musste mir ein neues setzen. Ich wollte auf den wirklichen Gipfel und nicht an die Stelle, die ich vom Ausgangspunkt aus für die Spitze gehalten hatte. Wenn ich mich nicht auf den Weg gemacht hätte, hätte ich mein eigentliches Ziel nie gesehen."

> *„Dem Gehenden kommt der Weg entgegen." chinesisch*

Ich zeige durch bestimmte Entscheidungen und Handlungen meine Bereitschaft und Absicht an. Gesundheit, positive Lebenseinstellung, Ausstrahlung, Zufriedenheit und Glück sind innere Faktoren, die ohne eine entsprechende mentale Einstellung nicht zu verwirklichen sind. Das Ziel ist Persönlichkeitsentwicklung, die die eigenen, positiven Persönlichkeitsmerkmale stets zu fördern sucht. Eine Bekannte von mir ist arbeitslose Fotografin. Sie entschloss sich zu einer Zusatzausbildung als Web-Designerin, um sich dann irgendwann mit der Kombination beider Berufe selbstständig zu machen. Sie hatte schon den Wunsch, aber von allein geht er natürlich nicht in Erfüllung. Statt selbst die Initiative zu ergreifen wurde sie immer lethargischer und orientierungsloser. „Es hat ja sowieso keinen Zweck, wer will mich schon, ich habe es ja gleich gewusst, ohne Berufserfahrung..." klagte sie. Erst die Bereitschaft auch etwas anderes zu machen und vor allem an ihrer Selbstdarstellung zu arbeiten verhalf ihr nach einigen Monaten zum Traumjob.

„Es genügt nicht, zum Fluss zu kommen mit dem Wunsch, Fische zu fangen. Man muss auch das Netz mitbringen." Fernöstliche Weisheit

Keine Angst vor Fehlern

Fehler sind da, um gemacht zu werden, damit wir aus ihnen lernen. Haben Sie Verständnis für sich! Zunächst einmal geht es darum, zu seinen Schwächen und Unzulänglichkeiten zu stehen, sie zu akzeptieren und anzuerkennen. Wir brauchen nicht ständig Angst haben, andere könnten mir einen Strick aus etwas drehen (möchte das jemand, so schafft er es ohnehin).

Wenn Sie das geschafft haben, dann packen Sie Ihre Schwächen in eine schöne Schachtel, binden eine Schleife darum und werfen sie über Bord. Erst wenn man sich mit all seinen kleinen Ecken und Kanten liebt, darf man sie abbauen!

Herbert Grönemeyer, Sänger und Schauspieler, dessen Frau und Bruder fast zur gleichen Zeit starben, sagte in einem Interview in der Zeitschrift Stern: „Ich glaube, dass der Mensch durch seine Schwäche besticht. Da wird er einzigartig, nicht im Erfolg. Was wir als Menschlichkeit beschreiben, ist im Grunde die Öffnung der Schwächen. Wenn man also versucht, sich über die Schwäche aneinander anzunähern, dann entsteht wirklich Nähe."

Ich möchte hinzufügen: „Wenn sich das Denken zu sehr in das Fühlen einmischt, entsteht Distanz."

Bei der Beschäftigung mit dem Thema, „Was Erfolg ausmacht" stieß ich vor Jahren auf ein Buch, in dem die Biografien der erfolgreichsten Menschen kurz umrissen waren. Leider habe ich den Buchtitel vergessen, aber eine Liste der 24 Eigenschaften, die erfolgreiche Menschen gemeinsam haben, rettete ich:

Keine Angst vor Fehlern! Erkennen Sie sie an und lernen sie daraus.

1. Tatkraft
Sich auf den Erfolg konzentrieren können

2. Mut
Sich keine Sorgen machen, was andere denken könnten, weil man anders denkt

3. Hingabe an Ziele
Denken in Visionen, Ziele definieren, Kontrolle über das eigene Leben und seine Zeit haben

4. Wissen
Nicht abends schlafen gehen, ohne wenigstens eine neue Sache gelernt zu haben

5. Aufrichtigkeit
Gewillt sein, auch Fehler zuzugeben und daraus zu lernen

6. Optimismus
Niemals bezweifeln, dass man sein Ziel erreichen wird

7. Urteilsfähigkeit
Unvoreingenommen und gewillt sein, seine Ansicht auch einmal zu ändern

8. Enthusiasmus
Vorbehaltlos daran glauben, dass alles gut ist

9. Chancen ergreifen
Keine Angst mehr vor Misserfolg, wenn man erkannt hat, dass man aus Fehlern lernt

10. Intuition
Bei wichtigen Entscheidungen auf das Bauchgefühl hören

11. Unternehmungsgeist
Sich niemals davor fürchten, das Unbekannte zu tun

12. Überzeugungskraft
Man ist überzeugend, wenn man an das glaubt, was man tut

13. Aus sich herausgehen
Ausstrahlung haben, andere begeistern

14. Kommunikationsfähigkeit
Die Beziehung unter den Menschen ständig verbessern

15. Geduld Mit sich und anderen

16. Empfindungsvermögen, sich auch in andere einfühlen können

17. Optimierend handeln
Immer bestrebt sein, es noch besser zu machen

18. Sinn für Humor
Über sich selbst lachen können

19. Geistige Beweglichkeit
Nicht vor Anstrengungen zurückschrecken

20. Anpassungsfähigkeit
Gewillt sein, neue Entscheidungen in Betracht zu ziehen

21. Wissbegierde
Zugeben können, dass man nicht alles weiß,
immer Fragen stellen

22. Individualismus
Ich tue etwas nach meinem Gutdünken

23. Idealismus
Mit den Füßen auf der Erde bleiben, aber den Kopf in
den Wolken tragen

24. Vorstellungskraft
In neuen Zusammenhängen denken, die Dinge aus einer anderen Perspektive sehen können

Mein Fazit: Die Ursachen des Erfolgs liegen in einem selbst. Die Fähigkeit, Wünsche zu Vorstellungen werden zu lassen und vermehrt der Intuition zu folgen, wird mir helfen, meine Intelligenz in der Persönlichkeit zu entwickeln. Durch Selbstdisziplin, Konsequenz und Fleiß werde ich den Erfolg selbst bestimmen.

Erkenne dich selbst

Meines Erachtens ist es wichtig sich von der Meinung anderer freizumachen. Besser ist es, sich selbst zu leben, seine eigenen Werte und Regeln festzulegen.

Eine Erfolgsmethode kann nur funktionieren, wenn sie in meinem Wertesystem verankert ist. Erfolgsmethoden können zwar kopiert werden, bringen dann aber nicht das gewünschte Ergebnis. Um dauerhaft erfolgreich zu sein, muss ich von meinen eigenen Wertvorstellungen ausgehen und daraus meine persönliche Erfolgsmethode entwickeln.

Ich kann den Sinn meines Lebens erst dann erkennen, wenn ich meine Werte kenne. Dadurch ist die Entwicklung meines Wertesystems gleichzeitig der Weg von Person zu Persönlichkeit, von Beruf zu Berufung.

Durch das Schreiben dieses Buches wurden mir meine wirklichen Bedürfnisse und Lebensziele wieder stärker bewusst. Ich stellte fest: Je mehr ich nach meinen Werten lebe, und mich selbst verwirkliche, desto mehr achten und respektieren mich die Menschen in meinem Umfeld. Mit wachsender Freude und Ausstrahlung zog ich Menschen an, die mich in meinen Vorhaben unterstützten, und lernte Menschen kennen, die mir genau dann weiterhalfen, wenn ich nicht weiterwusste. Meine Dankbarkeit für die wunderbaren Ereignisse, die dann geschahen, förderte meine Intuition und Inspiration für vielfältige Projekte.

> *„Vor jedem steht ein Bild dessen, was er werden soll,*
> *solang er das nicht ist, ist nicht sein Friede voll."*
> *Friedrich Rückert*

Wir bestehen nicht nur aus Körper und Verstand und sind

auch nicht begrenzt in unserer Intelligenz, wie wir oft meinen. Wir sind ein unendlicher Teil der Natur und benutzen die körperliche Form, um uns seelisch mit Hilfe eines speziellen Unterrichts weiterzuentwickeln, den wir Alltag nennen. Ich werde kaum glücklich sein, wenn ich nicht versuche dieses göttliche Prinzip in mir zu entdecken, mich zu erkennen.

> *„Erkenne Dich selbst - und du erkennst die Götter in dir" (Tempel zu Delphi)*

Unsere Wünsche und Gedanken sind, wie wir sehen, entscheidende Gestaltungskräfte. Sie werden mit der Zeit zur Realität. Dies lässt sich besonders auffällig am eigenen Körper beobachten. Wer ständig misstrauisch ist und kritisiert, hat eine völlig andere Körperhaltung als ein Mensch mit einem gesunden Selbstvertrauen und einer positiven Weltsicht. Der Körper spiegelt in all seinen Organen, innerlich wie äußerlich, das seelische Vermögen wieder. Das macht man sich in der naturorientierten Medizin und Psychologie in Form der Irisdiagnose, der Physiognomik und anderer Methoden zu Nutze.

Das genaue Betrachten des Körpers ist übrigens die beste Hilfe, um herauszufinden, in welchem Bereich man eigene Bedürfnisse ignoriert hat. Menschen, die beispielsweise nie gelernt haben, Grenzen zu setzen, die es allen recht machen wollen und um des lieben Friedens willen jeglicher Auseinandersetzung aus dem Weg gehen, haben oft Magen-Darmprobleme. Menschen, die zu wenig Mut haben, sich selbst zu leben, nicht den Mut finden einmal Nein zu sagen, drücken diese Unsicherheit in Ihrer Körperhaltung aus, gehen oft gebückt und haben wegen ihrer vielfältigen Belastungen Rückenprobleme. Man sagt ja auch: „Jemand hat zu wenig Rückgrat."

Das konnte ich einmal schmerzlichst selbst feststellen. Während einer kurzen Tätigkeit als Akademieleiter bekam ich aus heiterem Himmel derartige Rückenschmerzen, dass ich glaubte einen Bandscheibenvorfall zu haben. Nach vielen Jahren suchte ich wieder einmal einen Arzt auf, der allerdings kein organisches Leiden feststellen konnte. Diese Tätigkeit, in einem Büro gefesselt, ständig einen Computerbildschirm vor Augen, ohne große Kommunikation mit Kollegen und in einem Berufsbereich, der mir in keinster Weise lag, passte niemals zu meinen Fähigkeiten und Vorstellungen. Ich hatte ganz einfach nicht den Mut, meinen eigenen Weg zu gehen und unterlag einem symptomatischen Druck - einem Druck auf mein Rückgrat. Es sind dann schließlich die individuellen Unzulänglichkeiten, Defizite und Schwächen, die sich, wenn sich die Person ungenügend weiterentwickelt, auf der körperlichen Ebene als Beschwerden und Krankheiten zeigen.

Das persönliche Lebensbild wird größtenteils durch Vererbung und Erziehung bestimmt, und spiegelt sich im späteren Verhalten wieder. Meine Aufgabe ist es, während des Lebens meine Lebensaufgabe oder wie ich es nenne, mein Programm zu entschlüsseln - mich zu erkennen.

Programm erkennen heißt, mir selbst gegenüber ehrlich zu sein und mich in den verschiedenen Lebensbereichen Beruf, Partnerschaft, Freundschaft gespiegelt zu sehen.

Den Körper gesund erhalten heißt, ihn intelligenter zu machen, mehr die „Lebensschule" zu erkennen, versuchen, mehr Bewusstsein für die natürlichen Körpervorgänge zu entwickeln, feinfühliger zu werden.

Einige Wünsche, die bei mir in Erfüllung gingen: Der oft wiederholte Wunsch, Ereignisse und Situationen neutraler anzuschauen, hat mir zu einer realistischeren Lebenssicht verholfen. Ich gewann Distanz und habe nicht sofort geurteilt und entschieden, sondern die jeweilige Situation erst einmal mit Ruhe betrachtet. Am folgenden Tag konnte ich viel besser die Ursache eines Ereignisses erkennen und angemessen handeln. Geschehen Dinge, die mein Umfeld maßlos ärgern und Aggressionen hervorrufen, so kann ich gelassen und ruhig bleiben durch die Gewissheit, dass alles einen tieferen Sinn hat, den ich nur noch nicht erkennen kann.

Dadurch habe ich viel mehr Verständnis für teils unverständliche Handlungen anderer entwickelt. Warum entstehen politische und gesellschaftliche Konflikte? Warum begehen Menschen Verbrechen? Warum trennen sich einst verliebte Paare? Warum bekomme ich gerade jetzt diese Krankheit oder erlebe derzeit diesen Misserfolg? Auf alle diese Fragen antwortete mir meine Intuition.

Geht es Ihnen nicht auch manchmal so? Sie hören einen Bericht in den Fernsehnachrichten über Kriegsschauplätze, Parteispendenaffären oder Katastrophen und sogleich kommt ein seltsames Gefühl in Ihnen hoch: „Das kann nicht sein." oder „Das hat mit anderen Dingen zu tun." oder „Wir werden wieder einmal von den Politikern verschaukelt." u.s.w. Nach einigen Wochen werden wir dann bestätigt, unsere Gefühle trogen uns nicht.

Beachten Sie diese Gefühle und sie werden eigenständiger als je zuvor.

Noch eine Anregung für Sie: Verbannen Sie das Wort „Schuld" aus Ihrem Wortschatz. Löschen sie aber nicht das ganze Wort, sondern nur den letzten Buchstaben und ersetzen Sie ihn durch den Buchstaben „e", so entsteht das

Wort „Schule". Eine tägliche Schule - die Tagesschule. Alles, was mir widerfährt, bietet mir eine Gelegenheit zu lernen. Jeder Mensch, dem ich begegne, hat mir etwas zu sagen, sei es zunächst auch noch so unbedeutend.

Die „Tagesschule" als Entscheidungs- und Erkenntnishilfe

Was ist die Tagesschule? Wie kann ich sie erkennen? Unter Tagesschule verstehe ich alle - große wie kleine - Begebenheiten und Ereignisse, die ich während eines Tages erlebe. Ich bezeichne sie als „Schule", weil alle Ereignisse einen engen Bezug zu meinen eigenen Entscheidungen haben; sie geben Denkanstöße, das heißt Hinweise und Impulse zur Korrektur meines Verhaltens.

> *„Die Tagesschule ist ein Verstärker*
> *für den Empfang der Intuition." J. Gesierich*

Wie wir es aus der Schule kennen, müssen wir in den verschiedenen Fächern immer wieder Prüfungen ablegen, um am Ende des Schuljahres in einem „Zeugnis" beurteilt zu werden. Im Leben mit seiner Tagesschule ist das ähnlich. Wir erhalten auch im Tagesablauf Prüfungen mit den Mitmenschen, im Umgang mit Geräten und Maschinen usw. Mein Computer stürzt gerade in einer Situation ab, wenn ich schon unter Zeitdruck stehe - und gespeichert habe ich das Geschriebene auch nicht. Ein anderes Beispiel: Ich habe ein wichtiges Kontakt- oder Bewerbungsgespräch, auf das ich mich schon seit Wochen vorbereitet und gefreut habe; einen Tag vor dem Termin erhalte ich einen Anruf, dass das Gespräch ausfällt. Soll ich mich jetzt ärgern? Damit helfe ich mir keineswegs.

Die einzige Möglichkeit, solche Situationen positiv zu bewältigen, ist, mich zu fragen, was das Ereignis bedeutet. Was soll ich daraus lernen? Was hat das mit mir zu tun? Das alles kann ich wahrlich nur intuitiv erfassen.

Je ehrlicher ich in den kleinen Tagesprüfungen bin, desto eher erkenne ich die Wahrheit in den großen Dingen und desto weniger glaube ich meinen Verstandesargumenten und denen anderer. Das ist gerade heute sehr wichtig, denn es gibt praktisch in allen Bereichen allerlei Richtungen, Meinungen und Ideologien.

Fragen, fragen und noch mal fragen!

Die Tagesschule verstehen wir am besten, wenn wir immer wieder fragen, auf unsere Gefühle achten, sie hinterfragen und eine Art positive Neugier entwickeln, um von den Tagesereignissen zu profitieren. Sie werden feststellen, wie viel gelassener Sie an ehemals große und kleine Probleme herangehen und wie spannend das Leben wird, wenn Sie Ihre Probleme mit der Zeit spielerisch lösen. „Was hatte das für eine Bedeutung? Was soll ich jetzt tun? Was kommt jetzt?" Auf solche Fragen erhalten Sie intuitive Antworten und es kommen weniger und weniger unangenehme Prüfungen. Sie werden erkennen, wie es immer mehr Spaß macht, Gefühlen nachzugehen, sie zu erforschen und immer häufiger Ihren Gefühlen zu vertrauen.

Selektive Wahrnehmung

Wenn Sie einmal über längere Zeit in einer depressiven Stimmung sind und zur Negativsicht neigen, ist es sinnvoll, sich zu fragen, ob man nicht mit sich und/oder anderen zu kritisch war, ob man die kleinen Freuden des Alltags als selbstverständlich angenommen hat. Können wir uns nicht freuen, dass uns die Arbeit heute so leicht von der Hand geht, dass die Sonne wieder so herrlich scheint usw. Unsere Lebensfreude hängt eng damit zusammen, dass wir das Positive erkennen und bereit sind, es zu sehen. Weil wir die Schönheit um uns mit unseren Sinnesorganen wahrnehmen, sollten wir diese aufmerksam und pfleglich behandeln. Dadurch entwickelt sich der sechste, in der Umgangssprache unser „Siebter Sinn" genannt. Je deutlicher ich Dinge wahrnehme, je stärker meine Sinne „geschärft" sind, desto klarer und leichter kann ich auch die Intuition wahrnehmen. Deshalb behaupte ich: Den Zugang zur Intuition kann man trainieren.

Ein kleines Beispiel, das Sie wahrscheinlich auch aus eigener Erfahrung kennen: Ich habe den Wunsch nach einem neuen Auto, meine Sinne nehmen dieses Fahrzeug einfach häufiger wahr. Ab diesem Zeitpunkt begegnet mir dieses Auto immer und überall. Kennen Sie das auch? Es sind deswegen nicht mehr Fahrzeuge dieses Typs auf der Straße, ich nehme dieses Wunschfahrzeug nur bewusster wahr. Unsere Sinne können wir auch bewusst nutzen: Wenn es mal während der Arbeit nicht so vorangeht, wie man es sich vorgestellt hat, dann hilft es oft, sich zurückzulehnen und ganz bewusst wahrzunehmen: Was sehe ich? Was rieche ich? Was höre ich? Was schmecke ich? Was spüre ich? Ich persönlich unterbreche in solchen Momenten meine momentane Arbeit völlig und gehe raus in die Natur. Schon nach kurzer Zeit finde ich den Zugang zu meinen Gefühlen und Empfindungen wieder. Sie helfen mir bei Problemen immer weiter.

Die Natur ist der ideale Übungsbereich, um die Wahrnehmungsfähigkeit und somit die Intuition intensiv zu erfahren. Vogelgezwitscher, das Rauschen eines Baches oder der erdige Geruch eines weichen Waldbodens entführen mich sofort in eine andere Welt. Oder denken wir an eine Wanderung in den Bergen mit fantastischen Panoramabildern oder den Wind und Salzgeschmack, wenn wir bei starker Brandung am Meeresstrand spazieren gehen. Diese Einflüsse sind nicht nur sehr gesund, sie bringen mich dem „lieben Gott", der Natur, mir selbst ein Stück näher. Welche Erlebnisse oder Naturerfahrungen lösen in Ihnen solche Empfindungen aus?

Kraft-Orte

Auffällig ist dabei für mich, dass ich in der Natur immer wieder die gleichen Stellen aufsuche, nämlich Orte, die mich magisch anziehen. Ich gehe davon aus, dass diese Stellen eine besondere Ausstrahlung haben und Orte mit viel Energie sind. In der Vergangenheit sind zahlreiche Klöster und Kirchen an solchen Orten errichtet worden. Denn sie ermöglichten einen idealen Kontakt zu Gott, zum Universum.

Suchen Sie doch einmal Ihren eigenen Kraftplatz, bleiben Sie dort einige Augenblicke und nehmen Sie mit allen Sinnen möglichst viele Einflüsse bewusst auf. Sie werden feststellen, wie ausgeglichen, energetisch aufgeladen und glücklich Sie weggehen.

Wenn Sie sich diese Naturerlebnisse häufiger wünschen und die Qualitäten in Ihrer Umgebung bewusster wahrnehmen, werden Sie auch feststellen wie Ihre Mitmenschen positiv und interessant auf Sie wirken. Denn Ihnen wird plötzlich bewusst, dass eine Bekannte eine angenehme Stimme hat, dass der Chef sehr diszipliniert sein kann, dass die eigene Schwester viel mehr Geduld hat als man selbst. Der Wunsch sein Umfeld klarer zu erkennen, stärkt auch das eigene Selbstwertgefühl und harmonisiert die Beziehungen zu den Mitmenschen.

Kennen Sie auch jemanden mit positiver Ausstrahlung? Diese Menschen ziehen einen magisch an und man hat gerne mit dieser „Persönlichkeit" zu tun. Die Ausstrahlung, Wirkung oder das Charisma eines Menschen nehmen wir über die Sinne auf und empfinden Sympathie, Wärme und Geborgenheit.

Wie auch Sie Ihre Ausstrahlung steigern können, geht sehr schön aus dem Buch von Frau Margit Grieshammer hervor: „Das Geheimnis der Ausstrahlung". Dieses wunderschön illustrierte „Bilderbuch" ist ein wahrer Geheimtipp für alle diejenigen, die ihr inneres Licht zum Leuchten bringen wollen.

„Um eine Persönlichkeit zu sein,
muss man erst eine werden." J. Gesierich

Der Austausch mit dem Freund/der Freundin

Die beste Möglichkeit das eigene Programm zu erkennen ist die Arbeit mit einem Partner. Meiner Erfahrung nach geht das leichter, wenn wir mit Partnern des gleichen Geschlechts arbeiten.

Die „Tagesschule" mit dem Freund zu besprechen, hilft einem, sich viel schneller zu erkennen. Dadurch kann man leichter die eigenen Schwächen anschauen. Allerdings sollte man nicht nur über die Schwächen sprechen. Mindestens in gleichem Maße können wir auch die positiven Eigenschaften des Anderen, seine guten Seiten und Fähigkeiten immer wieder erwähnen und loben.

Stört mich eine Denk- oder Verhaltensweise beim Anderen immer wieder, ist das oft ein Hinweis auf eine ähnliche Verhaltens- und Sichtweise in mir. Der andere stört mich, weil ich diese Schwäche bei mir selbst noch nicht verändert habe.

Aber bitte Vorsicht! Die größte Gefahr ist das ständige Kreisen um die eigenen Schwächen. Bei vielen Menschen führt das zu mangelndem Selbstwertgefühl und Ängsten. Das darf nicht der Fall sein. Die Kommunikation mit dem Freund sollte in einer spielerischen, lockeren Form stattfinden, ohne Zwänge und ohne Hemmungen.

Das Programm Selbsterkenntnis spielte in meinem Leben eine überaus wichtige Rolle. So ist es auch kein Zufall, dass ich während meiner Arbeit als Akademieleiter einen Vorgesetzten hatte, der sich intensiv mit den Persönlichkeitsbildern, vor allem von Führungskräften, auseinander gesetzt hat. Dr. Alfred Böswald zeigt in seinem Buch „Macht über das Ich" neun Spiegelbilder der Macht auf. Wer bereit ist, sich damit auseinander zu setzen, findet Zugang zum eigenen Wollen und Empfinden, zur eigenen Bestimmung und zum eigenen Weg, den jeder gehen muss. Darin liegt die immense Wichtigkeit der „Selbsterkenntnis".

Die eigene Biografie studieren

An mir selbst habe ich festgestellt, dass ich mit gezielten Fragen meinem persönlichen Programm näher gekommen bin. Bei den Antworten kommt es nicht unbedingt darauf an, dass ich mir die exakten Daten notiere, sondern vielmehr welches Ereignis richtungweisend war und was ich jeweils fühlte. Ich wünsche Ihnen, einen ähnlichen „roten Faden" in Ihrem Leben zu entdecken. Entwickeln Sie doch Ihren persönlichen Fragebogen! Hier einige Beispiele von mir:

- *Was ist Ihr persönliches Ziel?*
· Privat - Was wollen Sie in Ihrem Privatleben ändern?
· Im Beruf - Was wollen Sie beruflich unbedingt erreichen oder ändern?
- *Wie sieht Ihre persönliche Vision aus? Welche Gefühle empfinden Sie bei der Vorstellung dieses Bildes?*
- *Was hilft Ihnen am meisten, Ihr Ziel zu erreichen?*
- *Was sollten Sie vermeiden, um Ihren Weg nicht zu blockieren?*
- *Wer kann Sie auf diesem Weg unterstützen?*
- *Welches sind Ihre sieben wichtigsten Stärken?*
- *Was sind wichtige Werte in Ihrem Leben?*
- *Welche Eigenschaften möchten Sie stärker zum Ausdruck bringen?*

Haben Sie gemerkt, dass es gar nicht so leicht ist, diese einfachen Fragen zu beantworten. Es verlangt ein „In-Sich-Gehen" - ein Einlassen auf seine tiefen Gefühle. Lassen Sie sich Zeit und gestalten Sie anhand von diesen und weiteren Fragen Ihren eigenen Lebensweg.

Und nun zu meinem wichtigsten Grundsatz:
„Bleibe natürlich und lebe Dich selbst".

Viele Hintergründe habe ich bereits in den vorhergehenden Kapiteln beschrieben, möchte aber hier noch einige praktische Hinweise geben, wie ich zu mehr Lebensfreude gelange.

– *Ich sage Danke für alles, was mir widerfährt, denn es hilft mir. Das Wort Problem beginnt mit der Silbe >pro<, „vor" (im räumlichen Sinn). Das heißt, ein Problem ist etwas, das vor mich hingeworfen wird.*

– Ich genieße den Tag. Meine Mahlzeiten sind kulinarische Erlebnisse, auch wenn ich wenig Zeit habe. Den Menschen, die mir begegnen, widme ich meine ganze Aufmerksamkeit, sende ihnen erst einmal positive Gedanken, ohne Vorbehalt und Urteil. Ich trenne mich aber von denen, die mich herunterziehen könnten.

– Bin ich einmal missgestimmt, gehe ich nicht allzu lange damit herum, sondern suche mir irgendeine sinnvolle Arbeit, auf die ich mich konzentrieren kann. In kurzer Zeit habe ich eine andere Sicht zu den Dingen.

– Manchmal brauche ich etwas zum „Abreagieren". Ich laufe mir beispielsweise die „innere Wut" aus dem Leibe. Jeder hat da sein eigenes System. Planen Sie deshalb genügend Freiraum für diese Aktivitäten ein.

– Lieben Sie sich selbst, stellen Sie sich vor den Spiegel und seien Sie so richtig begeistert von sich. Denken Sie daran, was Sie alles können, und nicht an das, was sie noch zu lernen haben. Springen Sie einfach einmal über Ihren Schatten und tun Sie Dinge, von denen Sie schon oft geträumt oder noch nie zu träumen gewagt haben. Befreien Sie sich aus gesellschaftlichen Mustern! Auf eine einsame Insel zu gehen, meine ich natürlich nicht, aber vielleicht an einem Wochenende kurzerhand nach Paris, Berlin oder Mailand fahren. Kaufen Sie sich doch einmal etwas zum Anziehen, was Sie schon immer haben wollten, sich aber nicht trauten. Sie besitzen selbst genug Ideen und Fantasien, die Sie ausleben können. Das ist das Salz in der Suppe und das sind die Dinge, die das Leben bereichern und an die man noch Jahre denken wird.

„Wenn Sie sich selbst nicht leben, verlieren die anderen die Achtung vor Ihnen. Wenn Sie sich selbst nicht leben, ziehen Sie die falschen Menschen an." J. Gesierich

Ich habe vor einem halben Jahr, angeregt durch meine Intuition, meine ganze berufliche Tätigkeit in Frage gestellt. Während einer Festanstellung als Akademieleiter kam ich auf Grund verschiedener Impulse zu dem Schluss, dass mir diese Arbeit nicht entspricht, und habe freiwillig diese zwar lukrative, aber unbefriedigende Stelle aufgegeben und bin wieder in die risikobehaftete Selbstständigkeit zurück gegangen. Schon kurz danach gewann ich meinen alten Humor, meine Ausstrahlung und Zuversicht wieder, die mir während dieser „trockenen" Tätigkeit abhanden gekommen waren. Vorher war ich als Freiberufler schon auf dem richtigen Weg, glaubte aber durch eine angesehene Arbeit meinen „Stand" noch zu verbessern. Das ist aber alles (Ver)standes-Denken.

Auf Grund dieser Erfahrung mit meiner Intuition habe ich mich entschlossen dieses Buch zu schreiben.

Intuition in der täglichen Praxis

Intuition im Beruf

Intuitionstraining für Unternehmen werden in Deutschland zwar immer häufiger angeboten, doch wird intuitive Entscheidungsfindung noch oft als „Gefühlsduselei" tituliert. „In unserem Unternehmen zählen Zahlen - Daten - Fakten und keine Gefühle." Was nicht logisch und rational begründet werden kann, zählt nicht. Beschäftigt man sich jedoch mit dem so genannten Bauchgefühl auf der Entscheidungsebene, so kann man immer häufiger feststellen, je höher die Managementebene, desto häufiger wird auf die Intuition gebaut. Das ist auch erklärbar: Top-Manager müssen täglich Hunderte von Entscheidungen treffen, da bleibt keine Zeit mehr, die Fakten zu studieren. Vertrauen zu den Mitarbeitern, viele Erfahrungen und eben die Intuition sind dann die entscheidenden Auswahlkriterien. Gerade bei Personalentscheidungen verlieren Bewerbungsunterlagen und Zeugnisse an Bedeutung, persönliche Ausstrahlung, Sympathie und soziale Kompetenz spielen die zentrale Rolle. Wie wird ausgewählt? Letztendlich intuitiv. Kein Assessment-Center und kein Headhunter können den siebten Sinn des Entscheiders ersetzen. Außerdem sind diese Methoden der Personalsuche äußerst teuer. Intuition ist immer gefordert, wenn es darum geht Menschenkenntnis zu entwickeln. Gerade im Kontakt mit Mitarbeitern und mit Kunden wird es Voraussetzung, mit sicherem und intuitivem Gespür Menschen einzuschätzen und ihre Bedürfnisse zu erfassen. Das bestätigten mir Personalchefs großer Unternehmen immer wieder. Vertrauen deshalb auch Sie bei Entscheidungen immer Ihrer Intuition!

Auch bei der Berufswahl kann die Intuition von entscheidender Bedeutung sein. Einer meiner Freunde hatte nach seiner Promotion die Möglichkeiten entweder Universitätsprofessor zu werden oder bei einem großen Unternehmen eine hochkarätige Stelle im Forschungs- und Entwicklungsbereich anzunehmen oder bei einer großen Behörde zu arbeiten. Als recht verstandesorientierter Mensch überlegte er wochenlang, bei welchem Arbeitgeber er nun anfangen wollte. Er überlegte hin und her, wog alle Argumente ab, schrieb alle Vor- und Nachteile auf – nichts half ihm wirklich weiter.
Erst sein Entschluss, mehr auf seine innersten Gefühle zu hören, verhalf ihm zur Entscheidung. Als er darüber mit einem Freund sprechen wollte, gelangte er in die Leitung zweier fremder Gesprächspartner, von denen er nur einen hören konnte. Ihm hörte er kurze Zeit zu. In einem Satz riet dieser Fremde seinem Gegenüber, er solle doch unbedingt die fehlenden Unterlagen noch nachreichen.
Mein Freund deutete diesen Satz als unmittelbaren Denkanstoß für sich, weil er kurz nach dieser Aussage an seine

Jobwahl dachte. Er fragte sich, bei welchem Arbeitgeber denn noch Unterlagen fehlten. Es war die Behörde. Dort fing er einige Wochen später an und ist mit seiner Entscheidung mehr als zufrieden.

Intuition und das „liebe Geld"

Ehrlich sein bedeutet, den intuitiven Gefühlen, dem eigenen Gewissen folgen.
Vor jeder Entscheidung haben wir Gefühle und Gedanken, die uns zu ehrlichem oder unehrlichem Verhalten anregen. Fragen wir uns vor jeder Entscheidung nach der richtigen Lösung, handeln wir mit der Zeit immer ehrlicher. Verstandesargumente werden immer weniger und ehrliche Gefühle immer stärker. Auf ehrliches Verhalten folgen stets angenehme Gefühle der Sicherheit und des Vertrauens statt Gewissensbisse und Schuldgefühle. Im Umgang mit Geld kann sich das so äußern:
Geld ist eine Form der Energie. Beides - Geld und Energie - können wir durch ehrliches Verhalten vermehren. Ehrlicher Umgang mit Geld führt unweigerlich zu mehr Intuition. Das heißt, man erhält vermehrt intuitive Hinweise, wie man sein Vermögen vermehren kann.

– Wir spüren bei Einkäufen genau, was wir brauchen und was nicht. Handle ich aus einem Bedarf heraus und finde etwas Entsprechendes, so bereitet uns das Gekaufte wesentlich mehr Freude als ein spontan aus irgendeiner Befriedigungssucht heraus erworbenes Stück. Indem wir unsere Kaufentscheidung vorher überprüfen, sparen wir Geld und bleiben obendrein frei von unnötigen „Staubfängern". Wenn ich mich für ein Produkt nicht entscheiden kann, mir nicht sicher bin, dann erst einmal - Nein!

– Wir entwickeln unsere Intuition, wie wir unser Vermögen Gewinn bringend und sicher anlegen sollten. Entscheidend sind die Fragen: Welches Finanzprodukt/system ist für mich richtig? Wer ist der richtige Berater, Finanzdienstleister oder welche die richtige Bank?

Ehrlichkeit bringt Geld zum Fließen

Wir handeln ehrlich, wenn wir uns weniger als Besitzer sondern vielmehr als Verwalter unseres Vermögens betrachten. Wir tragen selbst die Verantwortung für unser Geld und sollten immer daran denken, dass Geld zu verwalten und zu vermehren, eine Kunst und Herausforderung ist, die wir auch entwickeln können - es ist ein Talent und eine Fähigkeit, das bzw. die einer gewissen Übung bedarf. Indem ich mit Geld und materiellen Gütern ehrlich umgehe, verstärkt sich auch meine Intuition.

Zu ehrlichem Umgang gehört für mich:
- Steuern und Rechnungen sofort und gewissenhaft bezahlen
- geliehene Gegenstände und öffentliches Eigentum sorgfältig behandeln
- Reserven aufbauen, richtig anlegen und nur das kaufen, was man wirklich benötigt, aber für Qualität gerne einen angemessenen Betrag bezahlen
- anderen Menschen selbstlos helfen, wenn die Gefühle dazu raten, jedoch höflich „Nein" sagen und sich nicht aufopfern, wenn unsere Gefühle uns warnen
- im Beruf stets zum Nutzen des Arbeitgebers handeln,

z. B. Reisekosten korrekt abrechnen und möglichst effizient arbeiten.

Geld zu verwalten, zu verdienen und es auszugeben gehört wie viele andere Themen zu unserer Lebensaufgabe und erfordert Planung und Organisation.
Mit den Tipps für „Vorsichtig Geld ausgeben", wie oben beschrieben, trainieren wir automatisch unsere Intuition.
Der Preis eines Produktes spielt dabei eine untergeordnete Rolle - ob billig oder teuer - es sollte für mich einfach richtig sein.
Regelmäßig sparen ist eine Tugend, die uns Sicherheit und Geborgenheit gibt.
Weniger Sicherheit erfahren wir durch spekulative Geldgeschäfte, wie wir sie von risikoträchtigen Fonds- und Aktienanlagen kennen. Aber auch hier gilt: Neben einem gewissen Know-how kann man mit einer klaren Intuition Verluste und Pleiten vermeiden. Dazu gehört aber auch ein umfangreiches Beschäftigen mit den Kapitalmärkten, ein intuitives Auswählen und Studieren wichtiger Wirtschaftszeitungen und bewusstes Wahrnehmen gewisser Trends und politischer Entscheidungen.

Wichtig ist es, dass wir unsere Schritte auf dem glatten Parkett der Börse stets intuitiv und fachlich überprüfen und jegliche Rutschgefahr vermeiden. Sie wissen ja, eine Klettertour in den Bergen verlangt Seil und Haken mit doppelter Absicherung.
Hier können wir viel von Andre Kostolany, dem Börsenpapst, lernen, der stets spekulative Anlagen vermied und mehr auf die Kontinuität setzte.
Kontinuität kann sich nicht nur bei Geldanlagen auszahlen, sondern auch im alltäglichen Handeln.

Schlussgedanken

Wenn es mir täglich gelingt, das Gefühl für meine Intuition zu sensibilisieren und mit ihr in Kontakt zu sein, dann erkenne ich den direkten Weg durch den Alltag viel klarer. Als Konsequenz werde ich viel mehr richtige Entscheidungen treffen und wesentlich weniger „Reparaturen" durchführen müssen als ohne diesen Kontakt. Als erfolgreichen Tag empfinde ich eine Kette richtig getroffener intuitiver Entscheidungen. Streben wir danach, viele solche Tage aneinander zu reihen, so entsteht „Lebenserfolg".

Wichtig ist es zu begreifen, dass wir mit zahllosen kleinen Entscheidungen großen Problemen vorbeugen können. Auch die kleinste, scheinbar belanglose Entscheidung ist ein wichtiges „Gestaltungsmittel".
Es kommt im Leben auf die kleinen Schritte an, fragen Sie einen Bergsteiger. Sie setzen sich ein Ziel und machen sich auf den Weg. Und noch etwas: „Bitte nehmen Sie den Weg bewusst wahr und alles nicht so ernst. Genießen Sie lieber die Schönheiten am Wegesrand, so werden Sie unver-

gleichlich mehr Freude erleben als jemand, der stur auf
sein Ziel lossteuert."

Wie bereits anfangs erwähnt, ist dieses Buch ein kleiner
Leitfaden zur Entdeckung des Phänomens Intuition. Von
dieser Kraft bin ich schon seit vielen Jahren begeistert und
seit dem Schreiben dieses Büchleins noch mehr, denn die
intensive Beschäftigung mit diesem Thema förderte eine
noch tiefere Gewissheit und Sicherheit im Umgang mit
meinen Gefühlen. Ich habe viel gelernt durch die Menschen in meinem Umfeld, durch die Vielzahl von Begegnungen und Anregungen derer, die auch nach ihrer Intuition handeln. Ihnen darf ich für den Kauf dieses Buches
danken. Sie haben es erworben, weil Sie das Thema interessiert oder weil Sie noch mehr auf Ihre Gefühle achten
möchten und wissen wollen, wie. Vielleicht haben Sie das
Buch gekauft, weil Sie es an Personen verschenken möchten, die sich bisher nicht an ihrem Bauchgefühl orientiert
und alles mit dem Kopf entschieden haben. Aber Ihre
Intuition sagte Ihnen, dass derjenige, der so denkt, sein
Potenzial noch viel stärker entfalten könnte, wenn er seine Gefühle etwas mehr beachten würde. Wenn dieses kleine Buch dazu im ein oder anderen Fall beigetragen hat,
bin ich sehr glücklich.
Sind Sie durch dieses Buch einigen Menschen näher gekommen, weil Ihre Intuition Ihnen riet sich mit anderen
über dieses Thema auszutauschen, so ist ein weiteres Ziel
erreicht. Denn Menschen brauchen den Kontakt zu ihren
Mitmenschen und die Intuition fördert die Kommunikation. Entwickeln Sie Mut und gehen auf den Anderen zu,
bei dem Sie das Gefühl haben, verstanden zu werden. Tei-
len Sie sich mit und ermutigen Sie Ihr Gegenüber, auch an

ähnlichen, lebensbejahenden Werten zu arbeiten wie Sie selbst. Sie werden sehen, wie spannend das Leben sein kann und welche wertvollen Begegnungen sich daraus er-geben.

Beziehen Sie Ihre Gefühle in Ihre Entscheidungen mit ein und leben Sie sich selbst. So gestalten Sie Ihr Leben und un-ser aller Zusammenleben neu.

Jürgen Gesierich, München, Oktober 2001

Literaturangaben · Tipps

- F. Batmanghelidj · Wasser, die gesunde Lösung - ein Umlernbuch · VAK-Verlag
- Alfred Böswald · Macht über das Ich · Gabler Verlag
- Deepak Chopra · Die sieben geistigen Gesetze des Erfolgs · Heyne Verlag
- Simone Falk · Artikel: Botschaften aus dem Bauch · Modern Living
- G. F. Fraser · Artikel: Intuition · Studienkreis für Gesundheit - Meschede
- Daniel Goleman · EQ 2 - der Erfolgs- Quotient · DTV Verlag
- Margit Grieshammer · Das Geheimnis der Ausstrahlung · Schmidt Verlag
- Norbert N. Hartwig · Probiotics - das Gesundheitsgeheimnis des Lebendigen · Probiotic Fachverlag
- Detlef Janezek · Artikel: Intuitive Ernährung · Regenbogenpresse · Bad Brückenau
- Heike Kovács, Monika Breuk · Jeder kann schlafen · Südwest-Verlag
- Mariela Sartorius · Der weibliche EQ. Wie Frauen ihre emotionale Intelligenz nutzen können · ECON TB Verlag
- Brigitte Seibold · Artikel: Den Muskel der Intuition trainieren · Wirtschaft und Weiterbildung
- Stefan Zweig · Sternstunden der Menschheit · Fischer Taschenbuch

Sollten Sie sich für lebende Mikroorganismen interessieren und nähere Informationen benötigen, so wenden Sie sich bitte an bna biotechnologie gmbH, Tel. 023 24/5 63 30, und beziehen sich auf dieses Buch. Sind Sie gar an einem Vortrag über körperfreundliche Mikroorganismen und natürliche Gesundheit interessiert und bringen eine Gruppe von mindestens 12 Personen zusammen, so können Sie mit Herrn Gesierich einen Vortragstermin vereinbaren.

Jürgen Gesierich, Jahrgang 1963, gründete 1992 das Unternehmen INNOVITAL und vermittelt als freiberuflicher Trainer und Referent in Seminaren die aus seiner Sicht elementaren Zusammenhänge zwischen körperlicher Fitness und mentaler Stärke. Sein Ansatz, wonach persönlicher Erfolg mit unternehmerischem Erfolg gleichzusetzen ist, läuft hinaus auf die Notwendigkeit eines ganzheitlichen Schulungsansatzes für Führungskräfte.

Sein Interesse gilt dem Menschen selbst und den Grundlagen des menschlichen Lebens. Er hat es sich zur Aufgabe gemacht, die gewonnenen Erkenntnisse Interessierten auf einfache Weise mitzuteilen. In Vorträgen, Seminaren und Einzelberatungen vermittelt er seinen Teilnehmern neben einem ganzheitlichen Gesundheitsverständnis auch das Thema Intuition.

Zunächst arbeitete Jürgen Gesierich als Physiotherapeut in verschiedenen Praxen, Kliniken, Sanatorien mit naturheilkundlicher Ausrichtung, ehe er als selbstständiger Berater für verschiedene Unternehmen und Organisationen im Weiterbildungsbereich tätig wurde. Neben Veranstaltungen in Deutschland, Österreich und der Schweiz liegt ein Schwerpunkt seiner Arbeit in Ferienseminaren hauptsächlich in Italien auf der Insel Ischia. Außerdem beschäftigt er sich im Rahmen seiner Beratungen mit gesunder Ernährung, natürlichen Lebensmitteln und Nahrungsergänzungen. Zusammen mit verschiedenen Unternehmen, Referenten und Trainern baut er ein kompetentes Berater-Netzwerk auf. Jürgen Gesierich lebt in Seefeld, Oberbayern.

Er freut sich auf Reaktionen von Ihnen zum Intuitions-Prinzip:
Jürgen Gesierich · Leo-Putz-Weg 6 · 82229 Seefeld
E-Mail: gesierich@t-online.de · www.innovital-gesierich.de